JN418772

영혼을 기다리는 새가 있다

2024년 심상시인회
엔솔로지 33집

영혼을 기다리는 새가 있다

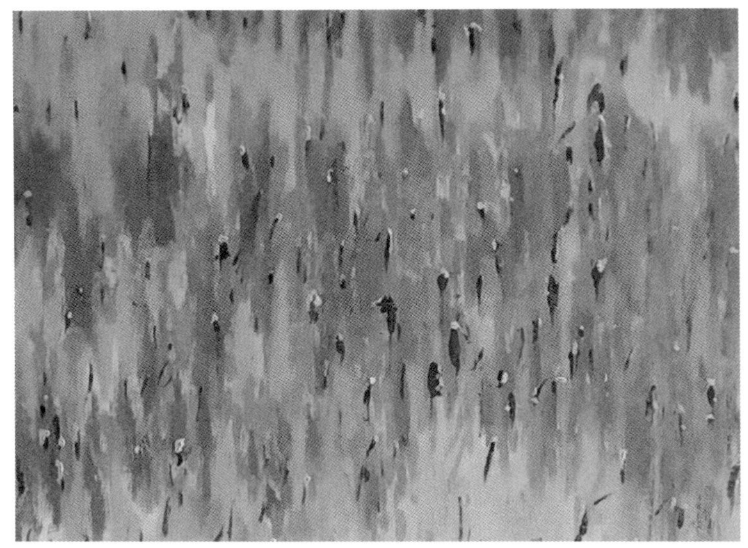

표지화 | 「봄날. 빗소리 몽환도」, 65x92㎝, Oil on Canvas, 남혜경, 2024. 3.

詩로 여는 세상

개별적 특성을 보인 작품을 읽으며

깊어지는 봄의 정취가 물씬 묻어나는 계절에 〈2024년 심상시인회 엔솔로지 33집〉 발간을 뜻깊게 생각합니다.

대구회원들이 2018년부터 2023년 5월까지 심상시인들의 단합과 결속을 위해 들인 노고에 깊은 경의를 표합니다. 그 기간 동안 코로나 팬데믹으로 우리 심상시인회가 쪼그라들고 힘들어 좌초 위기도 있었지만, 대구의 박상옥 회장님과 김선굉 사무국장님이 솔선수범하여 심상시인회를 이끌어 온 데 대해서도 감사의 말씀을 드립니다.

얼떨결에 회장을 맡고 어떻게 하면 심상시인회가 발전할 수 있는가를 고심하면서 2023년 가을총회를 서울에서 개최했고, 여러분이 도와주신 덕분에 총회를 무사히 마치게 됐습니다.

2024년 봄 수원총회에는 김종근 재무국장님이랑 대구 시인회, 신표균 사무국장님이랑 김소양 사무차장님 도움으로 많은 회원들이 참가한다니 가슴이 벅차오릅니다. 특히 총회를 통하지 않고는 만날 수 없는 많은 회원님들의 얼굴을 보게 될 것으로 생각하니 마음이 더욱 기쁩니다.

앞으로 임기 동안 정기적으로 봄총회, 가을총회를 통하여 회원 상호간 친목을 도모하고 문학적 대화가 오고 갈 수 있도록 많은 노력을 기울이겠습니다.

특히 33번째 발행되는 심상시인회 엔솔로지
『영혼을 기다리는 새가 있다』에는 전국 지역적 특성이 잘 반영된 소재들이 문학적 상상력과 예술적 감성으로 승화된 작품들이 많이 있었습니다.

심상시인들의 열정이 담긴 작품들을 읽으면서, **詩**가 인간 의식과 생활감정을 언어 매체에 의해 형상화한 예술이라는 생각을 했습니다.

詩는 독자에게 즐거움을 주고 감동을 주는 가운데 간접적으로 인생의 의미를 깨닫게 합니다. 개별적 특성을 가진 작품을 감상하다 보면 우리에게 간접 체험을 누리게 하며 삶에 어려 있는 희열을 느끼게 합니다.

우리 심상시인회는 詩를 통한 창조적 행위가 비움과 채움 사이에서 부족함을 극복하려는 인내와 연단이 영화로운 꿈을 꾸게 하는 동력이 됨을 공유하는 모임으로 발전해 왔다고 생각합니다.

Goethe는 "위대한 작품들은 우리를 가르치지 않고 우리를 변화시킬 뿐이다."라고 했고, 또 Winchester는 "위대한 문학은 항구성과 보편성을 갖는다."고 말했습니다. 심상시인회 엔솔로지 33집에는 이러한 것들이 다 수렴되어 있다고 생각합니다.

심상시인회 엔솔로지 33집 발간에 작품을 내주신 회원 여러분께 심심한 감사의 말씀을 전합니다. 우리 심상시인회가 우리나라 시단에 최고의 서정시로 자리매김하기를 기원하며 인사에 가늠하고자 합니다.

지난가을 우리 곁을 떠나간 형들이 있습니다. 한기팔 형과 이정모 형입니다. 형들과 함께했던 시간을 그리며 "영면한 정회원 추모 특집"으로 추모하는 공간도 마련합니다.

2024년 봄

宇玄 김상경

차례

| 33집 엔솔로지를 펴내며 |

차례

차례

차례

차례

특집 / 영면 정회원 추모

2024년 심상시인회
엔솔로지 33집

영혼을 기다리는 새가 있다

청보리밭

강달수

청보리밭이 봄바람에 춤추는 들녘
바람에 흩날리는 청보리 물결을 보며
아지랑이처럼 서서 울어본 적이 있나요

보리이삭만큼 까칠한 삶
눈물방울이 그렁그렁 맺혀 있는
소년의 눈동자 안에 아른거리는

수건을 질끈 동여 매고
봄볕 속에서 마스크도 쓰지 않고
보리타작을 하고 계신 어머님의 얼굴

코 밑에 거뭇거뭇 먼지가 들러붙어
땀과 먼지가 범벅이 된 어머님의
봄 햇살처럼 환한 미소

사막

1.

우리는 태어나는 것이 아니라
어머님 자궁에서 분리되는 순간
세상이라는 사막에
사정없이 버려지는 것이다

2.

사막의 언덕에 서서
장작불 같은 태양, 거친 모래폭풍과
정면으로 부딪치고 싸우며
눈처럼 이리저리 바람에 흩날리며 살아 가는 삶

3.

살면서 사막의 코브라, 여우와 전갈
심지어 쥐새끼들하고도 공존해야 하나
더러운 욕망과 명예와 물질보다
정의와 본질과 인연을 더 중시해야 한다

4.

그러다 어느 날 때가 되면
한 줌 모래로 사막의 태풍에 휩쓸려
슬퍼할 겨를도 없이
흔적도 없이 사라져 가는 것

강달수 | 1997년 등단. 시집 『쇠박새의 노래』 외 3권. 부산시인협회 부이사장 역임.

알딸딸한 밤

공영구

막걸리 몇 잔에 알딸딸 취한 다리
갈대처럼 휘청거린다

마주 앉아 부일 배 하는 친구
속사정 들어주다가

실타래처럼 엉킨 구겨진 일들이
문득, 하나둘 생각나는 밤

그래도
참 잘 살았다고
주름진 민낯 스다듬는 손길
자꾸 화끈거린다

아무데나 퍼질고 앉아
별빛을 쬐고 싶은 밤이다.

이런 일이

아침 잘 먹고 기분 좋아
산책길 나섰는데

날 보고 아양 떠는
키 큰 진달래

무심코 다가가서
꽃잎 따서 먹었는데

어디서 날아 온 벌
입술 한 방 쏘고 가네

가만히 생각해 보니
큰 벌 받은 거네

진달래 생식기를

뚝 떼어 먹었으니

공영구 | 2003년 등단. 경북 영천 출생. 시집 『엄마의 땅』, 『누치떼를 보다』 외. 산문집 『말부자의 완행열차』 외. 대구문인협회장, 일일문학회장, 대구광역시문화상(문학 부문, 2022).

기린 그림

권경애

모가지가 길어도 슬프지 않지
기린은

기린이 별을 따는 데 제일이란 건
나만 아는 비밀

사바나로 가야지
기린 만나러

기린을 타고 나는야 야호!
별 따러 간다네

별을 따서 당신께 드리리라
오해 마시라 오홋,

내 마음의 멍을 위해

바칠 거라네

갓 따낸 따스한 별로
해묵은 멍을 지울 거야

핏빛이 파랑에서 노랑이 되고
프리지어가 필 때까지

내가 그린 기린 그림을 타고
나는야 별 따러 간다네

마리 오네트, 그의 이름

목소리를 잃었답니다

그렇지만 인어공주는 아니에요 참한 딸 어진 아내, 천생 여자라는 줄에 매달려 살았던 거죠 줄이 끄는 대로 웃음을 짓고 음식을 하고 화분에 물을 주었답니다

이름이 있었던가 기억도 가물가물하다는데요

페르세우스 유성우가 쏟아지고
슈퍼블루문이 다가오던 어느 날 밤이었어요

꽃과 나무와 짐승들 모두 함께
달빛 아래 춤을 출 때

줄을 끊고 훨훨
그리운 나라로 돌아갔다네요

마리오네트를 벗고 비로소,

마리 오네트가 되었다는 이야기이지요

사족 하나,

오늘 아침 찬드라얀 3호가 달의 남극에 발을 디뎠다네요!

권경애 | 2000년 등단. 시집 『누군가 나를』, 『러브버그』 외.

지하철에서 잠깐씩

권달웅

엮어놓은 굴비두름처럼
사람들이 줄에 매달려 흔들린다.
앉은 자리엔 방금 일어선 사람 온기가
미지근히 남아 있다.

창백한 불빛에 젖은 사람들이
말없이 고개를 숙이고
스마트폰에 빠져 있다.
그들 속에 내가 들어있다.

어디서 만나지 않았던가요.
평행선상에서 흔들리는
지하철에서 잠깐씩
무표정한 얼굴이 무표정한 얼굴을
멍하니 바라본다.

잠실나루와 강변 사이 유리창엔
강물이 흘러가고
언강에 내려앉아있던 철새들이
하얗게 떼 지어 날아간다.

기억나지 않는가요.
저마다 각각 다른 생각에 젖은 사람들이
잠깐씩 만났다가
떠나는 시간이
2분마다 뒤로 물러난다.

나무늘보

이 초고속시대에 죽은 듯이 살고 있는 동물이 있습니다. 시속 900m로 아주 느리게 발을 움직이는 이 동물은, 도대체 기어가고 있는지, 머물러 있는지, 알 수가 없습니다. 기어가도 머무르지 않고 열심히 가고 있으니, 느린 것이 느린 것으로 보이지 않고 신비롭게 보입니다. 일생을 서로 경쟁하는 지상의 대열에 끼어들지 않고 밀림의 나무에만 붙어사는 이 동물은, 초고속시대를 정신없이 살아온 나에게, 천천히, 아주 천천히 살아가는 보법을 보여주고 있습니다.

스로우 비디오처럼 내 동작을 정밀하게 찍으란 듯
유달리 긴 발톱을 내밀고
이 나뭇가지에 저 나뭇가지로 천천히 아주 천천히
갓 태어난 아기의 발가락처럼
꼼지락거리는 나무늘보가 이 문명시대에
원시림에서 살고 있습니다

권달웅 | 1975년 등단. 경북 봉화 출생. 시집 『꿈꾸는 물』, 『낮달과 낫과 푸른 산등성이』 외.

心象詩人會

울컥

권이영

논산훈련소에서 첫 저녁밥 먹다가
울컥－

누룽지 먹다가 돌아가신 어머니 생각하는데
울컥－

큰형수님이 살며시 주신 봉투 뜯어보고
울컥－

이름은 잊었지만 초등학교 그 여자애 생각하다
울컥－

초저녁 서쪽 하늘 쳐다보다가 이유 없이
울컥－

굴비

새끼줄에 묶여 흙벽에
길게 매달린 굴비 스무 마리
햇볕에 반짝이고, 바람에 흔들리며
벌어진 아구리들이 커서 슬프다

슬픔이 쌓여 너는 소금같이 짜구나
소금같이 반짝이는구나
죽어서 빛나는, 슬픔이 반짝이는
굴비야-

이제는 두름 채 팔려
살신공양의 길로 들어섰구나
어느 가정의 저녁에 입맛이나 돋구는
슬프고 슬픈 굴비야-

권이영 | 1991년 등단. 시집 및 시선집 『천천히 걷는 자유』 -나남, 『햇볕 좋다』 -서정시학, 『천상에서 훔쳐온 노래』 -서정시학. 한국시인협회 교류위원장 역임, 현재 심의위원. 영국시협회 정회원.

마릴린 먼로를 데리고 오다

권정순

마릴린 먼로가 새로 오는 날은 가게 안 공기도 들떠있다.
처음에는 검은 베일의 수녀복 안에 다이아몬드 목걸이를 하고 배시시 웃고 있었다
어느 날은 먼로가 자유 여신상이 되어 오른 손에 권총을 높이 치켜들고 서 있었고
다음 번에는 야구 모자에 엘에이 다저스 글자 한 귀퉁이가 날아간 유니폼을 입고 할딱거렸다.

사내애들은 마릴린 얼굴을 내려다 보며 눈을 크게 떴고,
앞가슴이 풍만한 여인들은 수퍼 사이즈를 입고 눈을 뜬 듯 만 듯 그녀 같이 웃었다
그리고 먼로 무덤 옆에 묏자리를 사 둔 어떤 영감탕구가 죽자
마누라가 시신을 어디다 쳐박고는 그 땅을 비싸게 팔았다는 소문도 돌아다닌다.
죽어서도 이국 장사꾼들 주머니를 채워주는 여인.
보름 뒤에는 얼굴 반쪽이 해골이 된 채 머리에 붉은 꽃을 꽂고

나타날 것이라고 티셔츠 도매상은 귀띔한다.

그랜드 캐년
- 케이밥에서 브라이트 엔젤까지

땅에서 내려간다
등성이를 타고 아래로 발을 옮긴다
보이지 않는
마음을 내려다본다

새벽 하늘 저편의 포도주빛 구름들
마음 틈새로 빛줄기가 들어오고
절벽은 붉은 병풍으로 둘러서 있다

강물에 깎여진 바위 층에
찰랑거리는 햇빛
몇 백 년 전 바람들 절벽을 붙잡는다

콜로라도 강물이 내려갔다는
깊은 산의 내장

오래 전부터 금이 가는 소리

드디어 맨 밑바닥 내 생의 반환점에
누워 있는 콜로라도 강물
무심한 듯 반기는 비취빛 여신을 친견한다

반대편 올라가는 길목을 바라보는데
바람 같이 물소리 같이
문자로 담을 수 없는 비기秘記 하나 건네주고
돌아눕는 푸른 여신

모퉁이에서 나귀 행렬을 보내며
해독할 수 없는 소리를 품고
검은 절벽 사이를 올라갈 때

내 안에서 험준한 산이

무너지는 소리

막바지 가파른 끄트머리 땅 위에 올라서자
먼저 도착한 태양이
언어가 지워진 내 마음을 비추고

사람 그림자 하나 내보낸 자리
절경을 이루고 있다

권정순 | 1992년 등단. 시집 『불가마 속으로 들어가다』 외.

心象詩人會

약속
- 다음 -4

김광옥

내가 그이와 만나자고 약속했을 때
시간은 그이를 중심으로 돌아가고 있었어요

머리 속에 그이의 방이 생겼고
생각은 내 방과 그이의 방을 오가고
시간을 나누고 있었어요

마음은 두 방 사이를 오가며
두 방의 칸막이가 허물어져 갔다

마음이 드나드는
새로운 문이 생겨나고
마음이 어수선할 때
나는 어지러웠고
두 문 사이에서 쉬며

모든 것을 잊고 있을 때

마음이 가벼웠다

나는 때로 문 사이에 끼워

몸을 떨고 있었다

[참고]
노자 제1장
故常無欲 以觀其妙 그러니 본 마음이라야
常有欲 以觀其徼 욕심으로 보면 그 껍데기만 보게 된다

돌아오는 길
- 다음 -5

다음에 만나자는 약속에 따라
다음카페 거리에 나서
긴 그림자만을 안고 왔어요

기다림의 밤이 깊어, 돌아왔지만
만나지 못했다고 하여 그녀가 오지 않았다거나
약속이 없었다고 할 수는 없는 일입니다

온다고 생각했기에 약속은 있는 것이고
만날 수 있기에 온다고 믿는 것입니다

다음은 보이지 않았으나 있는 것이고
있다고 생각하기에 있는 것이고
만남이 언제일지는 모르는 것일 뿐
언제 어디에서 불쑥 그 모습이 들어날지 모르고

돌아오는 걸음 두리번거리는 것은
다음을 찾는 모습일 것이고
전할 말이 마음 속에서 꿈틀거리는 것은
마음이 다음을 향해 있다는 것이겠지요

나는 무엇인가로 채워져 있고
기다림이 있기에
나의 숨결이 따뜻해지고 있습니다

[참고]
노자 제48장
無爲而無不爲 하지 않아도 하지 않음이 없다(하지 않았다고 안 한 것이 아니다)

김광옥 | 1999년 등단. 저서 『세종 이도의 철학』 경인문화사, 2018. 현 강남시문학회 회원. 서울대문리대, 서울대신문대학원, 경희대 정치학박사(신문방송학), 동양방송 프로듀서, 중앙일보 동경지사장, (사)한국방송학회회장, 언론중재위원(경기도), CITY대(런던) 방문연구교수. 현 수원대명예교수(미디어 커뮤니케이션학과).

퇴직 2

김동경

멀뚱한 하루 깎듯
과일을 깎다가
갑자기 모든 과일은
왜 동그랄까 한다

세상 모든 과일이
아마도 화사하고 눈부신
꽃의 자식이라
한군데 모난 데 없이
동그랗게
이쁠 수밖에 없겠지 한다

그러다 보니
이제 열매일 때
훨씬 지나고도
동그란 열매이긴 커녕

아예 열매 맺는 법
아직도 모르니
꽃도 아니었나
꽃이 아니었나봐 한다

내가 하나의 우주宇宙라던디

누가 말하길
사람 모두가
하나의 우주라대.

참말로 내가
하나의 우주라면
매일 아침이
분명 놀라 자빠질맹키로
새로운 순간이어야 하겄지.

숨쉬다 멈추는 잠깐의 정적도
하나하나 경이로움이어야 하는디.

헌디 허구헌날 들이닥치는
이 권태로운 구질함은
머시로 설명되는겨.

젠장 무슨 우주가 이런겨.

아마도 어떤 잘난 놈이
딴에 시상 최고의 비장한 맴으로 씨부린
위로인가 보다 허네.
내가 시방
하나의 우주라니 말이여.

김동경 | 1998년 등단. 평택 출생. 시집 『배꽃이 지면』, 『백아홉 번째 방』, 『숲의 나무들이 잠깐 흔들렸다』.

바닷가를 걸으며

김병택

모처럼 가볍게 부는 봄바람에도
물결 위에서 반짝이는 햇살을 보며
바닷가를, 기억의 바닷가를 걸을 때
불현듯 오래 전의 영상이 떠올랐다

칠십년 만에 상봉한 북쪽 아버지와
남쪽 아들의 깊은 포옹은 티비 화면을
빈틈없이 가득 채우고 있었다
둘 다 살아 있으니 망정이지 죽었다면
저승에서나 이루어질 법한 일이었다

게다가, 물결이 몰고 오는 상념들과
바다에 둥둥 떠다니다 바위에 걸려
게으른 모습으로 아무렇게나 뒹굴고 있는
쓰디쓴 기억들이 아슴푸레하게 보였다

<

일몰 뒤의 어두운 저녁 햇살이 서늘했고
수평선 부근의 어선에서 아른거리는
집어등의 노란 불빛은 여전히 휘황했다

착한 어부였던 이웃 아저씨의 목소리가
꿈속에서처럼 내 귓가에 들려왔다
구원 요청의 마이크 소리를 들은 어른들은
여럿 있었지만 겨울 바다에서 부서진
난파선으로 달려가려는 사람은 아무도 없었다

겨울바람

두툼한 외투와 머플러로 에워싼
나의 차갑고 메마른 생각들이
몸을 밀치며 밖으로 달아난다
가랑비처럼 천천히 낙하하는
눈송이들도 잠시 멈칫거린다
어딘가에 숨어 있던 바람이
나무 밑동에서 가지로 기어오르면
우산처럼 둥글게 생긴 나무는
서둘러 가지에 기를 불어넣는다

회색빛의 정오를 넘으면서부터
어제 불던 바람이 다시 꿈틀거리고
수목원 곳곳에 서 있는 나무들이
서로 익숙한 눈길을 주고받으며
숲 아래에서 오래 움츠리고 있는
미물들을 뿌리 쪽으로 끌어들인다

<

새로운 바람과 어둠이 들이닥친다
주위의 모든 나무들이 일제히
가지들을 잡고 좌우로 흔들며
우우하는 소리를 길게 내뿜는다

기어이 태풍이 올 조짐인 듯하다
몇 달째 비어 있는 내 가슴에도

김병택 | 2016년 등단. 1978년 7월 『현대문학』 평론 천료로 등단. 제주 조천 출생. 저서 『현대시의 예술 수용』, 『시의 타자 수용과 비평』 등 논저 13권. 시집 『꿈의 내력』(2017), 『초원을 지나며』(2018), 『떠도는 바람』(2020), 『벌목장에서』(2021), 『서투른 곡예사』(2023). 현재 제주대학교 명예교수.

어미 닭은 알고 있다

김봉용

대구에서 미용실 사장 명함 내던지고
규홍 씨 따라 청송으로 귀농한 명자 씨
시어머니 입맛에 맞추어 산다
스타일이 다른 두 여자
한 번씩 삐꺽 거리고
생뚱맞은 시어머니 일방통행이
명자 씨에겐 늘 버겁다

오늘도 입맛 맞추기 위해서
점심 한 끼 솜씨 부리느라
비지땀으로 이마가 번쩍거리는데
고추 밭으로 혼자 나가는 시어머니
뒤통수가 따갑다
규홍 씨 어깨는 더 좁아져 내리는데

마당에서는 다 이해가 된다는 듯

어미 닭이 연신 고개를 끄덕이며

병아리와 모이를 주워 먹는다

정치인

칠흙의 밤
여의도에 장대비는 내리고

훤한 신수
하늘 높은 줄 모르는
미꾸라지 한 마리
황급히 자리 뛰쳐나와
밧줄에 매달려
남몰래 승천 해 보려다
물 폭탄 얻어맞고
국회의사당 앞 마당
한 복판 떨어졌다

분을 누르지 못하고
식식거리다 혼절했다
행인들이 밟고 지나간다

새벽녘

청소부가 쓰레기통에

담아서 간다

김봉용 | 2018년 등단. 경북 청송 출생. 시집 『저물 무렵의 랩소디』.

맞수

김상경

만물이 살아
숨 쉬는 곳
맞수 없이
무슨 재미로 사나

밤낮이 있으니
비바람 오가고

그곳에서
시작하는
물길이 모여
강물이 넘실대니
바다와 맞수가 되었지

민물과 짠물
이 맞수의 향연은

승부 아닌 조화로다

이상한 대문

낡은 가마니로 만든
거적문에
큼직한 흰 글씨로
대문大門
이라고 써 놓았다

이 문이
대문인가
거적문인가

말싸움 그만두시게

밤길 가는 길손
급한 일로
허리춤 내리고
들이대는 일은 없었다

김상경 | 2000년 등단. 시집 『내겐 넉넉함이』(1998), 『영혼의 나이테』(2002), 『미래로 가는 계단』(2010), 『난이도』(2014), 『날갯짓』(2016).

콘트라베이스

김선굉

파트리크 쥐스킨트. 아시지요. 좀머 씨 이야기를 쓴, 표정이 좀 멍청한 작가 말입니다. 나는 지금 그의 또 다른 산문 콘트라베이스를 읽고 있습니다. 이건 아마 모노드라마를 위한 쓸쓸한 대본인데요. 콘트라베이스. 가장 덩치가 큰 현악기. 가장 미세한 소리를 내는 그 악기를 문득 보고 싶습니다. 툭, 건드려보고 싶고, 현에 한 번 활을 대보고 싶고, 속이 텅 빈 그 놈의 몸을 한 번 안아보고 싶은 것입니다. 콘트라베이스의 앞 부분을 읽어 나가다가 브라암스의 교향곡 2번을 사야겠다고 생각했습니다. 그걸 테이프로 사서 차 안에서, 내 차는 94년식 엘란트라입니다만, 차 안에서 듣고 싶은 것입니다. 나는 요즘 모리스 라벨과 바그너, 베토벤 순으로 음악을 듣고 있습니다만, 로큰롤이 몸을 도약시킨다는 것, 아시지요? 라벨은 특히 볼레로가 그러한데요. 내 마음을 강물로 흘러가게 합니다. 점점 높게, 그러니까 크리센도로 마음의 한 끝을 주욱 끌어올리는데, 그때 그 부력으로 몸이 붕 떠오르는 것입니다. 나는 브람스의 교향곡 2번, 그 베이스의 낮게 흔들리는 저음에 몸을 기대려 합니다. 음, 음, 음악은 비껴가려고 했습니다만, 쥐뿔도 모르면서, 음악의 그물

코에 코가 꿰어도, 그 출렁이는 그물코에 조금씩 체중이 불어나는 몸을 맡겨도 되겠다는 생각인데요. 참, 바그너도 몸을 도약시킵니다. 붕붕 떠오르는, 떠올라서는 겨울 쪽으로 흘러가는, 오늘의 가을의, 비에 젖는 시월의 저물 무렵입니다. 콘트라베이스, 그 저음의, 몸집이 큰, 소리 없는 소리를 부둥켜안고서……

너는 붉게 흐른다

김선굉

너는 나를 향해, 내 몸을 향해, 내 가슴을 향해, 그 속의 살을 향해, 속의 살을 지나 붉은 심장을 향해, 강한 비바람으로 와서, 젖은 회오리로 와서, 화약 냄새 뒤섞인 폭우로 와서 순식간에 나를 적시고, 젖은 몸 속을 뜨거운 불의 걸음으로 뚜벅 걸어 들어와, 뇌관처럼 위태롭게 헝클어진 핏줄을 밟고 마구 지나가면서, 희고 붉게 솟구치는 섬광과도 같은, 무수한 꽃송이 폭죽처럼 터트리면서, 비에 젖는, 회오리에 감기는 이 어질머리, 도수 높은 술 같은, 독약 같은, 내 몸 위로, 내 몸 속으로, 거센 폭우로 둥둥 북치며 내려, 나를 적시며 불의 물너울로 붉게 흐르고 있는, 너는 붉게 흐른다.

김선굉 | 1982년 등단. 1952년 경북 영양 출생. 시집 『장주네를 생각함』(1984) 외 5권. 시선집 『술 한 잔에 시 한 수로』(2020). 대구시인협회상, 대구광역시문화상(문학 부문, 2015). 갤러리 청라 대표.

우수憂愁의 새, 갈매기

김선옥

뜨내기 갈매기가 바다를 노려보고 있다

쏜살같은 날갯짓으로 바다를 파고드는
갈매기의 비상飛翔
그러나
두드려도 두드려도 열리지 않는
푸른 유리창琉璃窓

바다는 새파란 현기증眩氣症이었다

고개를 저으며 알 수 없는 바다를 쏘아보는
하늘을 읽힌 새의 궁금증

갈매기의 은빛 날개 위로
우수憂愁가 반짝 빛났다

꽃이며 봄이다

- 구례 화엄사 화엄매 예찬 -

400년 힘껏 솟아 훌쩍 큰 몸매에
떨기떨기 꽃숭어리 매어달고
선혈 낭자한 봄을 불러냈다

그 질긴 겨울쯤이야 팽개치고
화들짝 꽃망울 터뜨린 너는
꽃이며 봄이다

가지 마디마디 붉디붉은
이 눈부신 절정

각황전 처마 끝
그윽한 풍경소리에
그 빛깔 더욱 고웁다

김선옥 | 1987년 등단. 시집 『오후 4시의 빗방울』, 『모과나무에 손풍금소리가 걸렸다』, 『미지의 흰 새 알바트로스』. KBS라디오제작센터장, 경인방송 대표이사 역임.

낯선 별

김성춘

자, 이쯤에서 우리 하직하자 읽던 책 덮어 놓고 신용카드 하나 없이*
주머니 하나 없는 헐렁한 옷 걸치고 자, 이쯤에서 우리 하직하자
몇 억 광년 먼 그 별까지 가야만 한다 무거운 육신 훠이 훠이 벗어 버리고
가야만 한다 잘 있거라 눈 감아도 눈물 속에 환히 떠오르는 것들아
푸른 하늘아 봄날 아지랑이들아 자, 이쯤에서 하직하자 쓸쓸했던 나날들
사랑했다 고마웠다 신록 같은 나의 천사들아 눈물 속에 떠오르는 어머니 어머니,
잘 있거라 차마 그리운 것들아 자, 이쯤에서 우리……

---

* 홍윤숙의 시 '여기서부터는'에서

봄날은 간다

목련꽃 환하게 핀 봄날 오후
운전면허 적성 검사하러
시 보건소 간다
보건소 아가씨 말한다
지금 말하는 문장, 따라 해 보세요
"철수는 자전거를 타고 공원에 가서 11시부터 야구를 했다"
나는
"철수는 자전거를 타고……" 앵무새처럼 문장을 외운다

(기억이 다 나진 않지만 이런 질문도 있었다)

"물레방아를 거꾸로 말……"
"과일 이름을 아는 대로……"
"이 그림은 무슨……?"

그런데, 아 그런데

매일 보는 물건 이름 하나가
갑자기
떠오르지 않는다 갑자기!

목련꽃 환하게 핀 봄날 오후.

김성춘 | 1974년 제1회 심상 신인상(박목월 박남수 김종길 공동 선)으로 등단. 시집 『물소리 천사』 외 다수. 시선집 『나는 가끔 빨간 입술이고 싶다』, 『바다가 나에게 물었다』(근간 예정). 제2회 월간문학 동리상, 최계락문학상, 펜 문학상을 수상. 현 국제펜 한국본부 경주지회장.

준비

김소양

버린다
잊히지 않는 손톱
날카로운 촉수를 버린다

빗 사이에 낀 머리카락을 버리고
더운 입김에 금세 흐려지는 거울을 버린다
내일을 버린다
믿을 수 없는 말
믿을 수 없는 글을 버린다

자코메티라도 된 것처럼
옷을 벗어버리고, 군살을 떼어버리고
힘줄을 버리고, 체온을 버리고
버리고 또 버린다

버리고 난 자리

그 빈틈
가는 등뼈 사이에 다시 채워지는
손톱과 머리카락과 기억을 버린다

끝내 지워지지 않는
버린다는 생각마저
통째로 버린다

정월

수평선이 실금을 긋고 있다
어제 같은 오늘
오늘과 다른 내일
그 사이로 쇄빙선이 지나가자
마음 부서지는 소리 끊이지 않는다

동지가 지났는데도 밤의 꼬리는 길고 무거워
하늘로 오르지 못한 눈은 내리고 또 쌓이고
팽팽하게 날 서 있던 시윗줄은 이제 끊어진 걸까
화살은 과녁을 잊지 않고 제대로 날아가 꽂힐 수 있을까

우울한 소식을 기다리기라도 하는지
전깃줄에 떼 지어 앉아 있는 까마귀 떼
그 날개를 비껴가며
사람과 사람 사이 서늘한 빙벽을 지나
아침은 올까

그렇게 봄도 올까

목련은 마당 한 켠에서 꽃봉오리를 부풀리고
철없는 길고양이도
부드러운 털로 제 몸 쓰다듬으며 겨울을 견뎌내는데

뫼비우스 띠 같아서
시작일 때 끝이 보여
자, 이제 어디로 발을 내디뎌야 하나

김소양 | 2006년 등단.

길 · 3

김송배

금줄을 쳤다. 왼새끼줄에 고추를 달고
부정탄 발길을 모두 막았다
어둠의 길, 혼돈의 터널을 빠져나와
처음 보는 창공의 눈부심으로
웃음인지 울음인지 분간할 수 없는 아우성
그 시각부터 아아
존재의 전류는 흐르고 있었다
금줄을 걷어내는 날
이미 점지된 큰 붓으로
눈물로 얼룩져 가늠되지 않는
담채화 한 폭을 그려가고 있었다
초롱한 눈빛은 언제나
무지개를 염원하지만
암갈색 예감의 꽃들이 한 웅큼씩
손에 잡히는 것은 어인 일일까
다시 금줄을 치고

정갈한 생명의 불꽃을 피우고 싶었다.

길 · 4

어디론가 가고 있었다
바람이 없는 날도 떼밀리듯
널브러진 황야를 헤매고 있었다
그 길은 혹시 나의 길이 아닐지도 몰라
조심스런 발걸음으로
선현들의 발자국을 따라가기도 하지만
나 혼자 개척해야 할 길이 너무 많았다
문득 비바람이 치는 날
가시덤불 앞에 서서
무서움이 앞서는 것은 어쩔 수 없었다
내 안에 고인 눈물의 늪
모두 증발할 때까지
결코 평탄할 수 없는 그 길을
혼자 걷는 걸음은 너무 비틀거린다
어딘가 닿아야 할
막다른 오솔길 끝자락엔

오늘도 늑대 울음소리만 들리는데.

김송배 | 1984년 등단. 시집 『지워진 흔적 남겨진 여백』 외. 평론집 『여백의 시학』 외. 산문집 『지성이냐 감천이냐』 외 다수. 윤동주문학상, 조연현문학상, 한국시학대상 등. 현 한국시인협회 심의위원, 한국문인협회 자문위원. 『계간시원』 발행인.

정동진에서

김오민

그것은 언제나 한 곳에 있다.

내가 몸담은 땅덩이가 하루에 걸쳐서
그리고
한 해에 걸쳐서 한 번씩 움직였을 뿐.
행운도 불운도 그렇게 한 곳에 있을 것이다.

내가
부지런히 몸 놀려 행운 쪽으로 가지 않고
늘쩡늘쩡 게으름 피우는 사이
불운 쪽으로 밀려갔을 뿐.

이제라도 새로이 움직이기 위해 커튼을 젖혀본다.

유리창 가득
찬연한 햇살이 쏟아져 들어온다.

<

바다에서 몸을 씻어내고 새로이 떠오르는 빛들일 것이다.

성큼 일어나 내 안에 품어야겠다.

을왕리 저녁 바다

세상을 한 바퀴 돌아온 물결들이
금빛으로 채색되며
찰박찰박 들어서고 있다.

이렇게 저렇게 일렁이며
보았던 모습, 들었던 이야기들
누구에게 속살대지 않고
그저 품어주는 을왕리 저 바다에

애틋했던 첫사랑을 털어놓으면

어쩌면, 노을빛 마지막 사랑을
다시 절절하게 시작할 수 있으려는지.

김오민 | 1988년 등단. 시집 『제목 없는 시』, 『네 안에서 내가 흔들릴 때』, 『며칠 더 사랑하리』. 개인 시화전 3회. TV 드라마 『전원일기』 외.

밥솥 플러그를 뽑는다

김용옥

편두통 약을 처방받고
비로소 평평한 땅에 발을 내딛는다

그뭄 이후부터 거리 모퉁이 유리창에 난반사 되어
햇빛 모서리에 부딪친 빛이
모르스 부호를 보내오는 사이
갇힌 채 어느새 바뀐
삼월 차경을 내다본다

발아래 공기질 나쁜 얽힌 골목길들이 가득하고
끼니를 거른 지난 시간과
기억나지 않는 이름이 함께
서성거리며 만든 그늘 아래에서

72 시간 내내 꽂혀있던 밥솥 플러그를 뽑는다

다시, 마량을 떠난다

나는 마량을 떠났다
여산을 지나고
승부를 거치고
일몰의 모항에서 잠시 내린다

상주니 공주, 완주
영주 부석사 여름 장대 빗속을 뚫고
내연폭포 물줄기 앞에서 몽당치마를 입고 서 있는 엄마를 만난다

보경사, 동화사, 무위사
강릉 포교당에서도
잿빛 승복을 입고 저녁 예불을 올리는 엄마가 따라온다

6시면 어김없이 들려오는 봉국사 쇠북소리에도
굳게 산문을 닫아 건 가파른 능선 위 태평동 옥탑으로
붉은 보름달 떠오르는 시월 상달

표지판을 잃어버린다

김용옥 | 1982년 신인상으로 등단. 시집 『풀무치 울음에 오는 비』, 『말들의 눈』, 『그리움을 채우는 기억』, 『사과나무 아래』, 『낯선 번지를 기웃거리다』, 『미술관 점경일지』 등 출간.

푸른 나무

김종근

산책길에서 자주 만나게 되는
아름드리 고목 나무
무슨 나무인지 아무리 생각해도
이름이 생각나지 않는다.

하늘에 닿을 것처럼
푸른 머릿결 뽐내는
그 나무를 나는
그대라 부르고 싶다.

내가 두 손에
스틱을 움켜잡고 산책하다가
발걸음을 멈추고
그대의 등에 기대어 고개를 들면
하늘 향하여 끝없이 뻗어가고 있다.

가지 끝에 자라는 푸른 잎이
그대의 푸른 영혼인지 알 수 없지만
하늘 향하여 빛나는 모습이
영혼이 깃들인 나보다 더 멋있어 보인다.

맨몸으로 지그시 눈을 감고
하늘 향하고 있는 모습에서
고목 같다는 생각이 들지 않고
나도 그대처럼 위로
푸르게 뻗어갈 수 없을까
이런 생각에 젖어본다.

징검다리

징검다리 건너면서
그대 보내고
마음은 비 젖은
짚신벌레로 정처 없었다.

수성교 강물소리에 눈앞이 깜깜
안개만 자욱해 허우적거리다가

내 뜨락에 남은
그대 모습 지우기 위해
어둠 속으로 떠돌기도 했지만

문득 달무리 휘감아 도는
그대 그림자 피할 수 없었다.

김종근 | 2008년 등단. 시집 『홍시』, 『모나리자의 미소』. 수성구문인협회 회장. 대구문인협회 시분과 위원장 역임. 대구예총 이사 역임. 대구시인협회 이사. 심상시인회 이사. 한국노총 대구지부 노동문학 운영위원 역임.

기도

류경화

흙바람벽을 쓰다듬다가
눈 속에 잠든 선운사를 깨우다가
밤을 새워 울었습니다

수백 년 아름드리 동백숲을 다시 돌아나와
대웅전 부처님께 백팔배 올리고
맨발로 탑돌이를 하는 시간

선운사 새벽 네시 십오분

염불소리
또랑또랑한 목어의 눈을 들여다봅니다
들여다 볼수록 깜깜해지는 나는
봄별을 간절히 기다리며
온몸 합장하는 겨울바람입니다

거기는, 지금

의성군 신평면 교안2리
육이오 동란때 남자들 다 돌아가시고
여인 삼대가 남아 디딜방아 밟으며 지킨
기와집 무릎이 꺾이고
근 사십년 연좌제에 묶인 그 여인들의 놀이
대추나무 디딜방아
울아부지 뒷밭둑 물 고랑 위 다리로 놓으셨지요

아버지, 없는 디딜방아
소복소복
애기똥풀, 꽃마리 피어납니다

도시락 열개씩 싸느라
일가들 손님 치르느라
손에 물 마를 날 없었던
울엄마 환한 낙이었던

풀꽃바구니들 우렁우렁 번성하는

거기는, 지금

류경화 | 2017년 등단. 이상화기념사업회 이사. 도동문학 사무국장.

꿈도 아닌 환상

림종천

발걸음들이 닭을 쫓고
어린아이가 스케치북을 들고 있었다
나는 꿈도 아닌 환상을 보고 있다
어디선가 풍악 소리가 메아리인 양 들려오는데
가슴은 오염된 물에 중독된 붕어 한 마리
거품 토하고 몸 비틀며 답답해 한다
방안에는 곰팡이로 꽃밭을 이루어
나는 향기에 중독이 되어
꿈도 아닌 환상을 보고 있는가?
마누라는 오늘도 무수한 발걸음으로
나를 쫓는다 나는 막다른 골목에서
날으려는 몸짓을 하였으나
닭은 날지 않는다는 통념 때문에 체념한다
(그래도 날면 담은 넘은 수 있는데…)
내가 닭일까?
나는 쫓기는 내 모습을 스케치하고

꿈도 아닌 환상을 보고 있다

마누라가 닭이 되어 … 쫓기고 있다.

등걸

외로운 몸뚱아리는 썩은 등걸
온 몸으로 슬픈 벌레들이 기어 다닌다
장수하늘소가 색종이 오리듯 햇빛을 다듬는 날
백로는 내 몸에서 벌레 사냥을 하고
마취제를 맞은 환자처럼
나는 황홀하게 까무러쳤다
하늘은 파헤쳐진 가슴에 꿈 가루를 뿌렸다
아아, 나를 허물어트려다오
나를 불질러다오
부서지고 바서져
그대 꽃을 향기롭게 하는 흙이 되고 싶다

림종천 | 1995년 등단. 한국인터넷문학상. 시집 『나비가 된 벌레』, 『그리움의 벌레』, 『꽃들의 이야기를 듣다』. 저서 『하나님의 음성을 확실히 듣는 법』, 『부부 치유학』, 『상처받은 자존감의 치유』, 『자기양육』, 『하나님 마음이 아파요』 외.

꽃

문상금

살아남기 위해서 무가 배추가 제 몸을 줄이고 단단히 옭죄어
몸부림치는 환장 끝에 피어나는 저 눈부신 상처들을

하논 동백

우리 동백꽃으로
만나자

하논 어디쯤
붉은 동백꽃으로
만나자

바람 불면
바람에 떨어지고

비 내리면
비에 떨어지고

눈발 날리면
덩달아 떨어지는
붉은 동백꽃으로 만나자

<

동백숲을

붉게 물들이다

뚝뚝 떨어져 뒹글지라도

그 함께 하였던 소중함은

사라지지 않듯이

또다시 우리

붉은 속울음으로 만나자

하늘을 가득 채우는

그 높고 고운 향기로

다시 만나자

문상금 | 1992년 등단. 시집『겨울나무』,『다들 집으로 간다』,『누군가의 따뜻한 손이 있기 때문이다』,『꽃에 미친 女子』,『첫사랑』외. 한국문인협회, 한국시인협회, 제주펜클럽, 제주문인협회, 서귀포문인협회, 한국가곡작사가협회, 숨비소리 시낭송회 회원. 서귀포문학상 수상.

뻐꾸기 울고

박만진

부춘산 뻐꾸기 운다

멀리서 바라보니
옥녀봉이 산마루 같다

새들이 우는 것은
노래하는 일이다

방학을 맞아 엊그제
서울에서 내려온,

초등학교 5학년과
3학년 아이가
주고받는 말을 들으니

뻐꾸기시계가 아니고

진짜 뻐꾸기가
노래하는 것이라 한다

보이지 않는 숲속에서
제 이름 부르며 울어,

뻐꾸기 참 쉽게 들킨다

서울에 사는 외손녀들이
뻐꾸기 이름을
너무도 쉽게 안다

천근만근

오래전부터
운동 삼아 걷기를 하는데

갓밝이 무렵 오늘따라
천근만근이다

어제 종일 비 온 뒤라
상대 습도가 높은 까닭일까

천근만근, 이 무게는
도대체 무엇인가?

터덜터덜 집에 돌아와
체중계 눈금을 읽으니

그끄저께 그저께

몸무게랑 같다

눈이 저울이던 어머니라면
혹시 모르겠지만

체중계가 어찌
천근만근을 알 수 있으랴

박만진 | 충남 서산 출생. 1987년 1월호 등단. 시집 『접목을 생각하며』, 『오이가 예쁘다』, 『붉은 삼각형』, 『바닷물고기 나라』, 『단풍잎 우표』, 『먹물』 외 다수. 충남시인협회 회장 역임. 윤곤강문학기념사업회 회장.

벽두劈頭

박무웅

벽두부터 사람이 왔다.
오늘 온 사람은
작년에 왔던 사람과는 다른 사람이다.
살면서 항상
실천보다 머리를 먼저 보냈다.
머리로 들이받고 굴리고 골똘하게 궁리했다.

벽두란
머리로 먼저 깨지 않으면
앞으로 나아가지 못한다는 말이다
머리는 겉이 깨지면 피가 나지만
그 궁리가 깨지면
지혜가 트인다.

몸부터 먼저 가서
머리를 기다리는 일들을 본다.
그 사이 몸은 지치고

일들은 다 도망간다.

벽두, 첫날에 올라탔으니
이제부터 매일, 매 일에 선두다.
벽劈을 깨트렸으니
밀고 나가면 된다.

머리는 봄과 여름, 가을을 지나쳐
올 연말을 둘러보러 벌써 출발했다.
나는 새로 도착한 사람,
벽두라서 머리가 근질거리는 사람
태양이 미명未明을 깨듯
초승달이 캄캄한 밤하늘에 작은 틈을 내듯

벽을 깨고
선두가 되는 사람

새벽이라는 여백

새벽은 여백이 많다.
잠 깨어 가만히 앉아 있으면
흑연 가득한 연필 한 자루
거듭거듭 나를 재촉한다.
책은 이미 묶여 진 이야기지만
빈 새벽은 아직 써야 할 내용을 기다리는
무한의 종이 같은 것이다
마치 밤새 풀어놓았던 낙타들이
아침이 되자 하나둘 게를 근처로 돌아오던
몽골 어느 아침의 벌판같이
어떤 상념은 엄두를 앞세워 오고
또 어떤 상념은 큰 상념의 뒤에 붙어
얼굴만 살짝 내밀기도 한다.
그동안 백지상태로 흘려보낸 새벽이 많았다.
그런 날 저녁의 어둠엔
그 흔한 별도 뜨지 않았다

새벽에 집필하는 일은
저녁의 어둠 이곳저곳을 고치고
수리하는 일이라는 것을
비로소 알게 되었다.

새벽은 나의 전용 원고지다
칸 칸을 채워 나가다 보면
아득한 옛날부터 바로 어제의 일들이
난제難題와 통쾌한 해법으로 찾아온다.
오늘 하루를 조탁彫琢하듯
일 일一日을 다듬는다.

박무웅 | 1995년 등단. 시집『패스 브레이킹』외. 2014년, 2015년, 2016년 세종우수도서 선정. 2015년 한국 예술상 수상. 2006~2007년 화성시 예술인총연합회 회장 역임. 현 한국시인협회 이사. 현 충남시인협회 회장.

오늘도 걷는다마는

박상옥

두류공원 둘레길을 숨 가쁘게 걷는데
뒤따라오는 자전거에 매달린 라디오.
젊은 시절 많이도 불렀던
노래 흘리며 지나간다.

“ 오늘도 걷는다마는 정처 없는 이 발길
지나온 자욱마다 눈물 고였다. *
…….”
발밑에서 기어올라
바짓가랑이에 매달리는 살이터의 짧은 이야기들.
오랫동안 풀리지 않을 말들의 속내를
아무 일 없는 것처럼 가슴에 품는다.
설령 여물고 깐깐한 속내를 풀어낸다 한들
귀담아 들어줄 사람이라도 있겠는가.

---

* 백년설의 노래 “나그네 설움” 가사 일부

오늘도 걷는 자욱마다 쌓이는 삶의 조각들

소중한 보석으로 묻는다.

내 안에 사는 적막

집을 짓는다.
마음의 외딴 구릉에 짓는 적막의 집이다.
방문에 큼직한 자물통을 채운다.
방에는
내 안에 사는 적막의 얼굴들이 앉아 있다.
공들여 적막을 배운 적도 없고
가까이 한 적도 없는데
어느 순간 몸에 들어와
턱하니 방 하나 차지하고 앉았다.
무료해지는 날은 방문을 열고
적막 하나씩 꺼내며 노래를 부른다.
적막의 언어로 부르는 노래는 적막이다.
누구도 들으려하지 않는 어설픈 노래다.
걸어온 길 위에서 곤두박질치며
피곤한 몸으로 부르는 길 위의 노래다.
문을 닫으면

그래도 소중하게 가슴에 품은 날들이
팔 벌려 나를 껴안는다.

박상옥 | 1993년 등단. 시집 『내 영혼의 경작지』, 『허전한 인사』, 『세월걸음』, 『아버지의 시간』.

정방사

박주영

그 봄 끝 무렵 정방사 갔다
금수산 자락에 풍경소리 데리고
좌정한 극락전을 오르는데
깔고 앉은 죄의 무게인가
몇 칸 안 되는 돌계단이 버겁다

시원한 물줄기와 바람이
의상대의 암벽에 부딪는 소리
숨은 그리움의 수초들이 일어선다
어느 시인은 '나 혼자 즐기고 있음이 아쉽다' 고
산사의 풍경을 예찬했듯이
나도 푹 빠지고 싶은 마음에
성가시게 쫓아오는 휴대전화 소리도 죽인다

부처님 전에 엎드리니
그제야 숨소리가 가지런해진다

울울하지 말고 언제든 오라는
스님의 머리카락 한 올까지 짚는 반뜩임에
머리에 이고 온 보따리
남김없이 풀어놓는다
찔레 능쿨 걸러낸 듯 가벼워지고
차 한잔에 마음 따스해진다

이틀, 혹은 사흘

어제 저녁 먹다남은 한 조각의 빵
급하게 처리하느라
키친타월 길게 뽑아 덮어씌운다
바람 불 때마다 펄럭이며
습한 시간을 빨아들이더니
곰팡이가 파르스름 피어 있다

멀리서도 뚜렷한 푸른 신호들 불빛
바쁜 발걸음이 성급하게 뛰어간다
신호등 아래 지워지는 몇몇 장면들

빵은 식탁에서 뜯긴 창호지 문짝처럼
제 몸 비틀며 습기를 짜낸다
곰팡이가 빵의 속살 헤집고 들어갈 때
키친타월이 제 그림자를 감싸 안는다

사람들은 식탁 위에서 멈춘 빵의 시간을
기억하지 못한다
빵은 모네가 그린
거꾸로 선 정물이나 습한 시간이다

이틀, 혹은 사흘 지나도
빵은 그 자리다

박주영 | 1993년 문예한국, 1995년 등단. 대구 출생. 영남대학교 인문대학 영어영문학과 졸업. 시집 『문득, 그가 없다』. 정화여자중학교 글쓰기 지도교사 역임. 한국시협및 대구시인협회 회원. 대구문협 및 대구시협 이사.

펜션에서 바베큐를

박향숙

아들의 계획으로
어제는 성묘를 하고
오늘은 저녁에
펜션 옥상에서
바베큐 파티를 한다

고기와 소떡소떡 밤 고구마
파인애플 꼬치까지
굽고 싶은 것 다 굽고
즐거이 먹고 마시며
추가비용 내지 않게
깔끔하게 모아놨다

아침에 분리수거 하려니
좋은 펜션 측에서
말끔히 치워주고

체크 아웃 후 보증금까지 받았다

여느 해 같지 않던

추석연휴이다

졸업

(졸업 후 2년)

오랜 시간
질질 끌던
학업
드디어
올해는
졸업이다

(지금은 비옴)

왜 그리
공부를
못 하는 지
이젠 늦게라도
졸업하니
시원하다 (오늘 비 날임)

박향숙 | 2000년 등단. 시집 『아버지의 분홍 일기장』 외. 한국시인협회, 한국문인협회, 국제펜한국본부 회원, 남양주시인협회 부회장.

心象詩人會

노송老松

손상근

세상 살아내느라
세상에 꺾이지 않으려
순응하며 저항하며
흔들리는 춤

흔들리면 흔들릴수록
땅속으로는 뿌리 늘리고
늘어나는 나이테 허리 졸라매며

단단해지자 !
하고 또 하는 다짐

쉴 새 없이 불어오는
바람 비, 눈보라에
긴장하다
용트림하듯 뒤틀리고

거북 등처럼 투박해진 몸매
거센 바람 앞에선
바라춤, 살풀이춤보다 간절했고
이기고 이겨낸 후
얼쑤춤, 어깨춤 덩실

추우면 추운 채로 서리꽃을 피우면서도
가지 늘리고

버거운 무게 견디다
더러는 꺾인 상처 스스로 치유
옹이 되어 가슴에 박히면서도
은은한 송진향기 품고 있네

산새도, 고단한 길손도
쉬어 갈 자리 내어주며

솔 씨 가득 품고

늘 푸르게

기상을 지키고 섰네

황혼에는

저리 아름다워야 할 거야
담담하고 순한 빛으로
스스로를 거두어 돌아가듯이

욕망도 패기도 정열도 사랑도
다 식힌 뒤에야
저리 또렷하고 환한 얼굴 될 수 있을 거야

활활 타오른 후에야
순한 빛으로 남는
서쪽 하늘 태양처럼

손상근 | 1994년 9월 등단. 시집『풀꽃 향기』. 한국사진작가협회 정회원. 건축시공기술사.

이의 제기

손옥자

프라하 카를교
얀제포무츠키 성상 앞에 소원을 비는 사람들
그때 나는 카를교를 지나고 있었고

-저기요
7번 석상이 손을 들고 있는 것을 보았다

무언가 할 말이 있는 듯 보였는데
볼타바 강물은 눈을 내리깐 채 모른 척 흐르고
나도 못 본 체 지나가기로 하였다

프라하 성은 내 발자국 수대로
제 몸에 하나 둘 불을 켜기 시작했고
람들의 시선이 불 켜진 프라하 성을 향한 그 때

어둠은 슬쩍,

들고 있는 손을 덮어 버렸다

아, 그렇구나……
이렇게 무시되는구나

어쩌면
중세부터 이의를 제기하고 있었을지도 모를 저 손을
세상은
조직적으로

무시하고 있었다

낭비의 미학

나는 낭비를 아낀다

낭비란
행간과 행간 사이 그 숨통,
여백과 같은 것이다

사막의 오아시스 같은
깜짝 선물이다

확신하건데 인생은,
낭비를 통해 성장한다

가끔,
부지불식간에 성장통이 찾아오긴 하지만
눈 한번 찔끔 감고
〈

인생의 쉼표 같은 그 그늘에 앉아

콧노래,

불러볼 일이다

손옥자 | 2002년 등단. 2022년 수필집 『바닥-교도소이야기』 푸른사상사 출간 외. 2020년 한국시문학상 수상.

부서진 다리

손화영

밀물처럼 휘감아오는
어둠의 시간을 따라 걸으면
해미를 휘감는 여윈 낙조
그리움 한 움큼 들고 섰다

멈춘 줄 알았던 초침의 잔해들
빛바랜 서글픔으로 돌아와
손가락 사이로 쓸쓸히
무너져 내린다.

가버린 순간의 물결치는 꿈
눈먼 바람의 메아리를 타고
역설과 기다림을 배울까

달력에도 없는 어느 날의
길들어진 일상을 뒤로

푸른 영혼의 길이 열리니

Epitaph

지나간 것은 어쩔 수 없어
젖은 손에 막지 못한 외로운 길

한낮의 소낙비는 내리고
빗물처럼 고이는 말의 화석

바람을 타고 흐르는 선을 따라
탄식으로 새긴 아픈 노래

편리한 기억은 아득해지고
다시 만난 무언의 시간은
꽃다운 향기로 가득한데

잊을 수 있을까

안에서 안으로 자라난

빛과 그림자의 경계 안에서
깨지지 않는 진실로 섰다.

손화영 | 2004년 등단. 시집 『자운영은 피는데』(2008), 『겨울 해바라기』(2022) 외.

전병을 굽는 시간

송종규

당신이 어깨를 구부려
문장 속으로 들어왔을 때는
모닥불이 타닥타닥 소리를 내던 밤이었고
나는 막 전병을 구우려던 참이었다

뭔가 쏜살같이 관통해간 내 몸이 기억하는 무수한, 냄새들
흐느낌들, 안개들,

무성한 두근거림 때문에 나는 우두커니 그곳에 서있었고
잠깐 사이 당신은 물방울처럼 사라졌다
밤의 우주 속으로 스며든 것들, 전율
환영, 그리고 비애

한 때 내 몸에도 깃털이 있다고 믿었다

당신이 스쳐가지만 않았어도

나는 이 삶에 한 번도 주저하지 않았을 것이다
윤슬처럼, 당신이 창가에서 너울지지 않았다면
내 생애에 추락이란 없었을 것이다

문장 속에서 다시, 머나 먼 세월

날짜들이 은박지처럼 구겨졌다
전병을 굽기에는 모든 것이 굳어있다

나는 지금 나에게 난생 처음인 계절

수북한 밤 열두 시

바람과 구름의 시간은 느슨하거나 때로 촘촘하기도 하지만
얼룩 같은 이 시간을 한 번도 의심한 적이 없다

손 편지 같은 날짜들이 흔적 없이 사라지기도 하는 이곳 호숫가에
는
반짝이다 저무는 저녁의 물비늘과 노래의 끝에 매달린
차디찬 고드름

지금, 카페의 구석 자리에서 커피를 마시는 사람의 어깨는
방금 막 도착한 비탈진 문장

서늘한 한 사람의 생애를 내가 받아 적을 때,
한없이 어둑한 문장이 노을을 받아 붉으스레 물들 때,

수많은 질문과 협곡과 봉분들을 넘어서

곧 밤 열두시가 당도할 것이고 밤 열두시는 열흘이 지난 후에도
여전히 당도할 것이다 수북한 밤 열두시

우산도 없이

밤 열두시에 안착한 저 순결한 하양나비

송종규 | 1989년 등단. 시집 『고요한 입술』, 『정오를 기다리는 텅빈 접시』, 『녹슨 방』, 『공중을 들어올리는 하나의 방식』 외. 대구문학상, 대구시문화상, 애지문학상, 웹진시인광장 올해의 좋은시 상, 이상 시문학상 등.

수로 부인 1

신기섭

그믐 달빛도
감출 수 없는 미모

흠모한 이
벼랑 끝 꽃 꺾어 바친 노인뿐 아니었다.

용왕마저 탐내
짙푸른 바다 한량없는 깊이로 그대 품었다가
북 장구 꽹과리 치는
바닷가 백성들 아우성에 놀라
도로 내놓았다.

강릉 부사 부임하다
용왕에게 잠시 부인 앗긴
문정공 심정은 어떠했을까.

50년 전 동해안 해안초소 근무 시절
성난 파도에 무너질 듯 위태로웠던
삼척 촛대바위 잘록한 허리는
수로부인 정조인 양
아직도 아슬아슬 버티고 있구나.

수로 부인 2

그대 자유로운 영혼 되어
동해안 어디에나 떠돌고 있구나.

삼척 추암역 → 강릉 해안열차
그리운 바다 바짝 다가선 정동진역 멈춰 숨 고를 때
갈매기 울음 젖은 파도 자락 실려
뭍으로 올라온 용왕,
두타산 호젓한 산길 숨어들어
눈부신 선녀탕 아름다움 훔쳐보다가
무릉계곡 휘감는 용틀임으로
청옥산 세찬 물줄기 접합接合하는 쌍폭雙瀑 이르러
울룰루 콸콸! 울룰루 콸콸!
기어코 정령精靈 같은 정액 쏟고야 마는구나.

신기섭 | 1983년 '활화산 부근', '정글', '목월의 고향'으로 등단. 시집 『수부의 깊은 잠』, 『그대 꿈꾸던 세상 눈떠 오는가』, 『해무경보』. 영한시집 『사막의 장미석 'Rose Stone in Arabian Sand'』, 문집 『벤치』, 자전소설 『매, 세계를 날다』, 정치경제칼럼집 『정책은 선택이다』 등 다수. 서강대 영문학과 졸업. 국제경제학 박사. 현대건설 프로젝트 코디네이터, 국회정책연구위원, 도화엔지니어링 중동본부장 역임. 2014년 11월 UAE Sharjah Int'l Book Fair 초청 시인.

본다는 것

신승근

내가 꽃을
내가 능선을
내가 수평선을 보는 걸까

꽃이 나를
능선이 나를
수평선이 나를 보는 걸까

아마도 내가 꽃을 보는 동안
꽃도 나를 보고 있었을 거야
능선이, 수평선이
나를 보고 있었을 거야

다만 보면서도
내색하지 않았을 뿐

그렇듯 내가 나를 버릴 때라야
비로소 보이는 것이 있다

내가 나를 지울 때
보이는 꽃이, 능선이, 수평선이
따로 있다

고스란히, 소스라치게
저 깊은 심연에서 떠오르는
또 다른 내가 있다

누군가 나는

밭고랑에 엎드려
아무 생각 없이 풀을 뽑다가
돌멩이를 고르다가
깻모를 심다가

깻모가 나를 심고
돌멩이가 나를 고르고
풀이 나를 뽑기도 하는 순간
아뿔싸, 나는 어디로 갔는가

내가 돌멩이고, 풀이고, 바람이었는가
나는 어디에 있는가

지나가는 바람의 갈피에
반쯤 접혀서
허공 속으로 두둥실 떠올랐을 때

저 산이

저 강물이

능선을 타고 흘러가는

떡갈나무 숲이 내게로 왔다

저 들판이, 저 하늘이, 저 구름이

날아가는 새들이

모두 다 내게로 왔다

나는 누군가

신승근 | 1979년 등단. 시집 『나무의 목숨』, 『언젠가는 저 산의 문을 열고』 외

터키색 캐리어

신원희

날마다
공항에서 돌아오지 않는 가방을 기다린다
아픈 신발을 신고
혼자 떠나버린 나의 가방은
돌아오지 않고
반쪽 얼굴로 굴러가는 바퀴는
외로운 짐승이 되어 달리다
숨을 헐떡이며
언제 와 줄 것인가

늦가을
죽도 못 넘기던
숨을 모으면 시가 되는 당신이
죽기 전 '시'라고 말하자
입안에 꽃이 핀다
오늘 하늘에서

당신의 눈을 열고
바퀴들이 굴러가는
터미널은 어디인가 모른다

가방도 없이 환승하는 당신은
십 년도 더 젊은 모습으로
흰 국화꽃에 파묻혀
웃으며 반기는데
내 옷깃에 노랑 부전나비가 내려앉는다

잘 가시소

이 집은 맛있다

자목련이 핀 창문으로 가면
내가 열린다
아침마다 집을 나가는
엄마가 있어 이 집은 맛있다
화가 나면 엄마는 똥이야 똥이야를
외치는 네 살짜리가 있어
이 집은 맛있다

시간이 느리게 옆으로 흐르는
이 집은 맛있다
나프탈렌이 옷장에서 녹는 봄날
지붕 위에서 고양이 가족이 앉아 노는
이 집은 맛있다

저녁이면 가방을 들고 돌아오는
아버지가 있어

이 집은 맛있다
밤마다 기차바위에서 산바람이 넘어오는
이 집은 맛있다
잠들 때 내가 깨어나는
이 집은 맛있다

꿈속에서 구름 도넛을 만드는
할머니가 있어
이 집은 맛있다
날마다 모자를 바꿔 쓰는
할아버지가 있어
이 집은 맛있다
입안에 은방울꽃 키우는
커다란 개가 있어
이 집은 맛있다

<

웃음을 집에 가둬 놓으면
창문과 굴뚝으로
웃음이 나가는 것을 볼 수 있는
이 집은 맛있다

신원희 | 2007년 등단. 부산 작가회의 회원.

心象詩人會

가끔은 나도

신윤자

목젖 추스르는 새벽이슬 되어 나, 들길에 서고 싶다
등짐의 삶 새털처럼 내려놓고
외진 들꽃 세로선 수줍음에도
깡충, 키 자란 갈대 의연한 몸놀림에도
내 생의 어눌한 손 마주 흔들며 가끔은 혼자이고 싶다
눈꺼풀 없는 구름 교대 없이 멈춰 굽은 등 펼 때
나무꾼이 타고 올랐다는 동아줄은 세속의 계단에 내려질까
날개 없이 잘도 휘도는 바람처럼, 닿고 싶은 그곳
미루나무 한그루 이정표로 서 있었으면 좋겠다
땅으로 실한 뿌리박고 팔 벌려 그늘 만든 그 어디쯤
7년의 허물 벗고 거듭난 매미
하늘 가려도 모자랄 사랑문장
수틀 같은 허공에 꽃수로 새겨
한 생이 짧을수록, 어둠 깊이 숙성 된 영혼 하나로
갈등 없는 숲에 홑이불로 덮일 매미 울대처럼
가끔은 나도 들길의 지운 경계를 노래하듯

물구나무 선 그리움
수취인 없는 봉투에
말 없음의 부호 될 꽃씨로
밀봉시키고 싶을 때가 있다

바다 병동

조류에 흔들리는 해초처럼
골절 된 기억의 우울을 데리고
바다명동 옥상 행복공원엘 간다
삶의 구간에
예고 없이 끼어드는 행, 불행의 명제란
거부할 수 없는 기로에서의 낙점일 뿐이라고
아장 걸음으로 링거를 달고
해파리 꽃, 아래로 보이는 수심 깊이
푸른 다시마 잎의 포도鋪道를 찾아
나는 골절 된 기억의 마디에
약솜 같은 띠, 삐비로 덧댄다
짓이겨 병실의 빈 액자를 채우는 청대같이
물에 젖으며 되살아나는 마른미역이 있다면
진액 홍건한 물기둥으로 아물려지는 내 삶
행복공원 우울병동 유리문에
파래 벽지를 문양으로 바르고 있다

나는 염도의 농도로 깁스된
골절 된 기억의 자리에
홍조류 꼬시래기 다져
두 번도 덧나지 않게 야무지게 꾸린다

해파리 꽃과 링거
파도타기 마실 나간 사이에

소독처럼 소등되는 바다병동

신윤자 | 2011년 등단. 대구시인협회 회원.

그럴듯하지만 끝내 같은 곳을 바라보지 못한 사랑을 시작하면서

신표균

가보지 않은 꿈길 속
영화인 듯 헤매다가

거꾸로 흐르는 시간 속에서
엇갈리기만 하면서

너는, 이별에서 시작해 첫 만남으로
나는, 첫만남으로 부터 이별을 향해
흘러갔지

연리지인 듯
늘 비켜 서 있었고
부르고 말 걸어도
닿을 수 없는 서로 다른 시간대 속에
서 있는

<

우리의 찬란했던 연애의 시작은

가까운 듯 멀어져 버린 사랑의 끝과

외줄 타는 정서적 낙차로

엇갈렸지

너와의 만남

끝내,

같은 곳을 바라보지 못한 그럴듯한 사랑을 시작으로

한 집에 살지만 같은 집에 살지 않는

나는 시를 쓰고
그이는 하모니카를 연주한다

나는 서울 집을 두고 K시 아파트에서 자취를,
그이는 Y시 N카운티에서 케어 생활을,
따로따로 한 집처럼

작가의 첫 번째 독자는 가족이라는데
시집 몇 권을 냈지만 즐겨 읽는 것 같지 않고
나 또한 그이의 하모니카 오케스트라 연주회나 교실
참견 없이 자정 넘어까지 변명 한 마디 섞지 않는, 아니
섞을 수 없다는 듯이 함께 하는 따로

유난히 곱던 달빛
서재 유리창 탄주하던 어느 날
내가 일생 그리던 시

'나는 내가 그립다'를 그이의 하모니카 연주로 이어준

그 선율,

곡은 알은체하지 못하여도

우리는 상냥한

쓸모있는 타인인가 봐

신표균 | 2007년 등단. 경북 상주 출생. 시집『어레미로 본 세상』,『일곱 번씩 일곱 번의 오늘』 외. 편저『참꽃』,『달성 100년 참꽃 1000년』 외.『유심』,『포스트모던』 신인상, 대구펜작가상, 박재삼백일장, 미당서정주백일장 최우수상. 대구문인협회 부회장, 한국문협 달성지부 회장, 한국문협 대외협력위원, 도동시비동산운영회 회장 역임.

유통기한

안자숙

뱉지 마세요
오래 오래 씹으세요

한 눈 판 적 없어요
가만히 있는 나를
속옷까지 벗겨 버리고
알몸을 탐하기 시작하네요

달콤하고 말랑하기 때문이라나요
그게 어디 제 탓 인가요

쉿!
소리 내지 말아요
입도 벌리지 말아요

우리가 흘러왔던 곳으로 되돌아가기에 너무 멀리 왔어요

지쳤어요
가까운 곳이라면 어디라도 상관없어요
내려주세요

관계 이쯤에서 끝내는 건 어때요
설레임도 없잖아요
다시 시작할 수 없다는 걸 알잖아요

다 씹은 짝사랑
종이에 싸서 휴지통에 버려야 한다는 걸
몰라요?

강남설비

밤이든 낮이든 상관없어요
망설이지 마세요
실망시키지 않겠습니다
기회를 잡으세요
딱 한 번뿐입니다

그래 살다가 한 번쯤 필요할지도 모르지
지금은 아니지만 알 수 없잖아
가까운 나중에라도

그가 속삭이며 건네준 명함을
못 이기는 척 받아 쥐었다

24시간 대기 중입니다
답답한 당신을 위해
곧장 달려가겠습니다

순간 사업 실패한 옆집 남자가 떠올랐다
꽉 막혔으리라,
그의 아내도 여러 곳 막혔으리라

명함 뒤쪽에 적힌 깨알 같은 글씨
당신의 답답한 마음까지
뻥 뚫어드립니다

안자숙 | 2023년 등단. 충남 당진 출생. 텃밭 시학 동인. 도동시비문학 재무국장. Youtube 「시읽는강화유리」 운영자. 성서FM 「라디오 시인보호구역」 오프닝 시낭송. 2016년 상화문학제 전국시낭송대회 우수상 수상 외 다수. 2021년 대한민국 낙동예술대전 민화부문 특선 수상 외 다수

붓꽃

양대영

과연 붓일까, 꽃일까

잎은 금방이라도 먹물을 찍어
일필휘지의 글발을 휘날릴 것 같고

꽃은 연못 주변에서
보랏빛 모자를 쓴 문화해설사의 모양이다

사방이 조용하다

매해 저렇게 피어나는 것도 신념이다

아무 말 없지만
깊은 속으론 온몸을 태우고 있을 것이다

내가 다시 태어난다면
저 붓끝으로 살아가리라

어느 노부부

병원 뒤 공원
마른 천川 따라 샛길이 이어지고

왜소한 몸의 할아버지가 탄 휠체어를
파마머리 할머니가 밀고 있다

어디서, 어떻게, 살아왔을지도 모를
저 인연의 삶

나무들이 오래 굽어보고 있다

얼핏 눈빛은 시들어가도
서로를 아끼던 순간들이 햇빛에 반짝거리고

잠시 휠체어도 쉬고
수줍어 닳을 듯 닳을 듯한 손마디에
가득 핀 검버섯, 까만 열매로 보인다

<

까마귀가 그 허공을 빙빙 돌아도

꿈쩍도 하지 않는 저 사랑의 빛

양대영 | 2020년 등단. 제주 출생. 시집 『애월, 그리고』, 『보말』. 시평집 『탐나국시』. 제주문인협회 회원. 애월문학 회원. 한라산문학 동인. 슴슴문학 회원. 인터넷신문 〈뉴스라인제주〉 대표.

취중미학2

유영숙

혼밥 저녁상에 뽀오얀 달을 띄웠지

가평 잣
그 이름값만큼
깊은 향은 아니었지만, 그래도
심심찮게 코끝 간질이고 혀끝에 감도는
달콤 고소한 맛이 일 잔을 비우게 했어

이 잔은 일 잔이 권해서 마셨지
이 잔이 슬슬 부추겨서 삼 잔을 마시곤
그대로 앉아 가물가물 잠이 왔어

수퍼문이 뜬다던 엊그제는
장맛비가 너무 세차게 내려, 달은
빗물에 떠내려갔는지 볼 수 없었지

베란다 통유리 밖
청량산 능선을 비껴서 실구름 사이로
금빛 뭉텅이가 쑤~욱 솟아오르는 거야

졸린 눈 치켜떠 보니
오른쪽이 살짝 기울어 있었어

내 빈 곳
잠재적 심리인지, 겨우
막걸리 석 잔에 취한 것인지
몸이 자꾸만 왼쪽으로 기울었어

몸을 기울여 어깨를 내주면
비뚠 달이
보름달처럼 차오르는 것 같기도 했지

달은 중천으로 자리를 옮겼고, 나는
달을 좇아 왼쪽으로
왼쪽으로 기울다, 그만
툭 괸 턱을 놓치면서 졸음에서 깼고

오른쪽으로 기우는 달을 바로 세우려면
왼쪽이 비고 왼쪽을 채우려면
오른쪽이 기울어 바로 설 수가 없었어

유월 열여드레
푹푹 찌는 여름 저녁
비뚠 달처럼 뒤척이다,
뒤척이다 잠들었지

일기
- 22, 7, 30

바람에 몸을 맡기고
쉿!
꼼짝도 말아야 한다

움직이면 다시
샘솟는다
따아~암

소리 나지 않게
가만히
접힌 부분 펴
바람을 친다

서울 낮 최고기온 36.7도
습도 85%

게다가

정전

얄궂다, 이 여름

유영숙 | 1997년 문단 데뷔. 2005년 등단. 시집 『맵고도 매운 꽃』, 『왜냐고 묻지 않아도』(출간 예정). 수필집 『세상의 모든 희망들』, 『바람의 무게』. 천주교서울대교구 재능나눔학교 인문학 강사 역임. 늘다솜문학회 시 창작 강사(현).

등교준비

이동희

초등학교 신입생 아이 등교 준비하느라
온 집안 날마다 북새통꽃을 피워요

누나는 신주머니에 하얀발걸음 담아주느라
형은 주머니에 알사탕돌주먹을 넣어두느라
아빠는 당나귀 고삐를 당겨 안장을 얹어두느라
정보원 엄마는 호롱등잔 눈길로 미행하느라
소리 없는 웃음꽃들이 시끌벅적 피어나요

새삼 어느 학교, 무슨 학과에 입학하려는지
할머니는 요가로 노령을 단련하시고
페달을 밟아 달려가시는 할아버지도
늦지 않게 불이문不二門에 닿을 듯해요

정작 어린 전사는
뭐 아무 일 없다는 듯

보도블록 사이에 핀 새봄에게도 암호를 건네고
지나가는 푸들에게도 비밀번호를 묻느라
아침 해가 서둘건 말건
학교종이 울리건 말건
그냥, 학교에 가요

봄날, 꽃을 심다

시는 서풍에 담겨오는
야윈 바람이다

꽃이 남풍에 끌려오는 무언가라면

시를 만나
버려도 아깝지 않은, 나를
꽃말을 담아 꽃나무에 걸어두는 날

잠시나마 기억한 뒤 빛 바래는
기념사진 담듯,
봄날 속살에 나를 심는다

이동희 | 1985년 등단. 전북 전주 출생. 시집 『빛더듬이』, 『은행나무 등불』, 『뜻밖의 봄』, 『쓸쓸한 은유』 외 10권. 저서 『문학의 두 얼굴』, 『임꺽정과 서사문학 연구』, 『시의 지문 1, 2』, 『시를 읽는 몇 가지 방법』 외 10권. 목정문화상-문학부문, 제35회 윤동주 문학상, 자랑스러운 전북인대상, 중산문학상 등 수상.

뿌리

이상호

풀을 뽑을 때
어린 것들은 뭔지도 모르고
덥석 내 손을 잡고 따라오는데

어떤 것들은
몸통을 떼어줄지언정
기어이 내 손을 뿌리친다.

손에 묻은 풀칠
씻어도 씻어도 한참 가시지 않는
짙푸른 결기

저도 모르게 끌려 당기는
핏줄
멀어질수록 짙어지는 향

동감

자고 나면 병이 멋대로 흩어져 있고
마신 사람(들)도 흩어져 보이지 않아

날마다 나는 빈 병만 보는 단조로운 사람이 된다.
병 들고 잠시 병든 마음을 비우던 사람은 못 보고

걸핏하면 나는 꿈을 꾸는 나는 몸이 너무 무거워
병든 사람(들)을 보면 왠지 남의 일 같지 않아서

마주하기 민망해 슬쩍 옆길로 빠져나가며
내가 왜 이렇게 되었는지 몰라 더 민망해

하염없이 딴 길로 걸어간다.
하염없이 울음소리를 내면서

엉엉 울 줄 아는 것을 보면 영영 벌레는 아닌 것 같은데

따져 들면 벌레와 다른 것이 무엇이 있는지 잘 모르면서

울음 하나로 자존을 지키려는 옹졸함이라니
사람이든 벌레든 병들면 죽기는 마찬가진데

이상호 | 1982년 등단. 시집 『금환식』, 『너무 아픈 것은 나를 외면한다』, 『국수로 수국 꽃 피우기』 외.

부부

이승재

내 있음에 그대 있고
그대 있음에 내가 있네
우리 서로 사모했기에
분에 넘치는 사랑을 했지요

사랑에도 높낮이가 있어
때로는 입을 닫고 남남이 되기도 했고
앞앞이 말 못할 때에는
원망만 태산같이 쌓일 때가 있었지요

부부싸움 칼로 물배기라고 하듯이
그럴 때면 누가 먼저란 것도 없이
보잘 것 없는 자존심 헤집고 들어가
다정한 눈길 한번 보내주면
해맑은 미소 되살아나고
사랑의 꽃이 다시 피어나곤 했지요

<

꽃도 바람에 흔들리며 피듯이
우리 사랑도 흔들리며 꽃을 피워
사랑의 열매를 맺었지요
그대 있음에 내 사랑 있었기에

안전 운전

눈앞에 차가 없다고
신나게 달려 보았다

내가 달린 속도보다 더 빨리
십만 원짜리 벌금
고지서가 날라 왔다
도로마다 숨겨 논 속도제한
덫에 걸린 것이다
차량번호와 얼굴까지
찍혀 있으니 요지부동이다

시뻘건 벌금 딱지 앞에
지키지 않으면 당하는
운전자의 힘겨운 하루가
거부할 수 없는 현실 아래
안전 운전 길들어진다

이승재 | 2009년 등단. 시집 『차라리 돌이 될 것을』, 『길 위의 여인』 외. 한국시인협회 회원.
한국공인중개사협회 사무총장. 국토부 근무. 대한주택보증 근무.

나는 있다

이정란

땅 어딜 밟아도 벨이 울렸어
어딜 파도 까만 씨앗이었어

새싹은 지축을 흔든 후 혼돈에 빠졌지

말발굽이 지나가고 떨어져나간 목에
뒤엉킨 천둥벼락의 뿌리가 돋아났어

새끼 고양이의 이빨 같은 백설이
무한으로 꽉 찬 세상의 난청을 녹여주었지

영원을 사는 신의 이야기가 까무룩 낮잠이란 걸 알게 된 건
미지의 불 한 덩이 덕분이었어

한 점 내 안에서 출발한 우주가 폭발하고
<

먼지 하나와 맞물려 공중의 틈 사이로 빠져나가
은하가 되기도 어둠 한 알갱이의 고립이 되기도 했지

하늘은 마음을 펼칠 때마다 열렸다 닫혔다

미래의 옆구리에서 떨어진
내 몸은 신의 언어

시간의 톱니바퀴에 부서져 내릴수록 신은 미지에 가닿고

비어 있음으로 시작되는 중심

나는 지금 수십억 년 동안 나를 빠져나가는 중

무심히 지나가기만 해도 튀는 시간에 휘청이며

일회용 라이터

번잡한 거리 한중간에서 마주쳤지
젖고 젖어 자신을 아예 잊은 듯했지

가득 차 있는 눈물이 얼굴
한쪽을 희미하게 켜주었지

두 개의 촛불을 일으켜 가늘게
흔들리는 불빛 아래 절을 했지

눈물로 점화된 불이
뼈와 살을 다 소각한 후
마지막에 내비치는

말간 얼굴

많이도 스쳐 보냈지

피로감 벗은 투명한
얼굴의 산과 들

액체가스처럼 사라지지
밟으면 탁 으스러지지

이미 늦지도 빠르지도
않은 조각들의 엔딩

뒷모습이 없어 좋지
갈 곳 몰라 더 좋지

이정란 | 1999년 등단. 시집 『눈사람 라라』, 『이를테면 빗방울』, 『나는 있다』 외.

연잎 하나 되어

이해숙

밝은 빛살 받으며
푸르게 물결치는 저 향연

하늘에 구름 가듯이
두 언덕 사이에 출렁이는 바다
그 안에서 맑게 솟아나는 샘물

유리창 너머 포근히 내리는 햇살
지그시 끌어당겨 안으면
어떤 음악보다도 그윽한 정적

슬며시 벙그는 하얀 연꽃들
먼 하늘을 머금고 있는지
눈시울 붉히고 있다

인간의 자로는 잴 수 없는

세상 모든 일들,
우리의 삶도 무명無明 속 숨결인 것을

천상의 빛 더듬어 나아가다 보면
이 갈증 가까스로 건너
내일은 더 나아가게 되기를 빈다

나 오늘은 푸르게 정결한
연잎 하나 되어
환한 연꽃 한 송이 받치고 있으리

달의 기억

장지 바른 문살에 미끄러지듯
떨어지는 나뭇잎들이 저리도 붉다

나는 저 나무와
너무 가깝게 살았던 것일까

낙엽 지듯 사라진 것들이
나이테 안에 새겨져 있다는 것을
오늘 대패는 한 겹, 한 겹
기억의 살점들을 벗긴다

벚나무의 꽃자리에도 흰 눈이 내려
보름달은 또 먹구름 속에 있겠지

나뭇잎 지고 꽃들이 없어도
달의 기억은 한결같이 붉다

이해숙 | 2017년 등단. 대구 출생. 숙명여대 가정학과 입학. 미국 Bauder Fashion College 패션디자인 전공. 대구시인협회, 대구문인협회 회원. 경맥문학 해외문학상(2019), 국제펜 100주년 기념 대구펜문학상(2021), 국제펜문학 작가상(2022)

나트랑의 새해 아침에서

이희정

붉디 붉은 색으로 사방이 찬란하다
차라리 어떤 풍경은
눈 뜬 화등잔 같고
차라리 어떤 모습은
외래종 큰 꽃잎 같았다

청춘의 연애가 쏜살같았던 것처럼
붉디 붉은 색들,
기다리는 것 많은 내 가슴에 다가와
주의등이 되기도 했다

내 무르팍 연골이 줄어들 때 오는
적신호가 되기도 했지만
상호불가분의 화두를 가슴에 앉히며
사방으로 발걸음을 옮겼다
이국의 새해 아침은 낯선 인기척이었다

노을 이야기

무엇이 먼저랄 것도 없이
참 예쁘다
해가 넘어가다가 나뭇가지에 걸린
그 뜻이 깊고 경이로워서
노을에 관한 음표도 찍고 노래도 만들어
나만의 보호구역에 배경음악을 띄운다
아름답고 고요한 것은
울음이 될 수 있다는 것도
진리라면 진리다
일몰의 시간에 보내는 팔 벌리고 있는 내 몸짓
오래전 눈동자가 미소를 띈다
참 예쁘다

이희정 | 1994년 등단. 시집 『기쁨의 수로』 외 10권. 한국시인협회 상임위원. 한국불교문학상 수상. 현 사회복지사.

비꽃

임승천

비꽃 내리면 풍겨오는 흙내음
오래 기다리는 비
마음속으로 한낱 한낱 떨어지면

봄은 꽃망울을 달고
뜰 안 나뭇가지 끝
다시 오는 봄을 기다린다

마음 들녘마다 닿은 숨결
노란 꽃잎이었다가
하얀 꽃잎이었다가
붉은 꽃잎으로 다가와 푸르름에 닿는다

일흔 번의 봄은 얼마큼의 숨결이었던가
초겨울 시린 서리밭
한겨울 눈보라를 견디며 다가온 삶의 새봄

<

온갖 꽃의 미소
눈빛 가득한 이슬 사이
기다린 꽃잎은 봄비 흠뻑 머금고
이승의 작별인 양 꽃비 되어 내릴 때

온 삶의 마음둘레 안
비꽃보다 더 간절한 눈물이
꽃비 되어 흩날리며 비꽃의 마음을 읽는다

행복

행복은 무엇일까?
자고 깨고
보고 듣고 느끼는 일

행복은 무엇일까?
걷고 먹고 사는 일

행복은 무엇일까?
글 쓰고 글 읽고 감상하는 일

행복은 무엇일까?
살아있어
해 보고 달 보고 별 보는 일

행복은 무엇일까?
어제 오늘 내일 숨 쉬는 일

행복은 무엇일까?

새벽에 깨어 명상하고

책을 읽고 나를 보는 일

임승천 | 1985년 등단. 충남 공주 출생. 시집 『노들레 흰들레』 외 6권. 한국예술가곡 작시 독집 음반 『그리운 사람아』 외 4장. 한국기독교문학상, 월간문학상 수상. 한국시인협회, 한국문인협회, 한국기독교문인협회, 충남시인협회 회원.

맨발로 선 나무들

임지현

눈발을 맞이하네
날세운 칼바람 동행하여
모진 추위 이겨내네
옹골찬 마음으로 모든 것 비우고 난
가벼운 잔가지 하나 까지
보이지 않는 얼음테프로
가리고 섰네

시월의 입김

청담색 하늘에 새들이 날고
주목나무 주먹잎은 더욱 푸르르고
일엽송 가지마다 금빛물감 칠해간다
담벼락옆 감나무는
쳐다보는 이 눈이 풍성해지는가
청설모 오물거린 입놀림 바쁘고
긴 꼬리들로 재빠르게
나무기둥 오른다

임지현 | 1985년 등단. 시집 『대보름 날 해방촌』, 『등 하나 켜고』, 『나는 아직 날개를 접지 않는다』, 『산행 시편』 외. 번역시집 『내 안에서 꺼낸 빛살, Sunshine from my heart』.

타임머신

장승진

타임머신 타면 왜 과거로만 가려할까
고치고 싶은 것도 많겠지만
나는 상상을 불허하는 미래로 날아가
좌충우돌 어리둥절하는 꿈을 꾼다네
이코노미 좌석에 몇 시간씩 앉아
까빡까빡 졸면서 꾸는 꿈

깨어보면 여전히 구름 속인데
신화 믿고 용감해졌던 바이킹처럼
생각이 가는 길 거침이 없네
녹녹치 않은 땅 위 세상 잊고
보송한 이불 속 같은
살아서 오직 꿈 꿀 수 있는 순간

하지만 빛을 잡아채
순간을 영원으로 저장하는 기술 덕분에

가끔 까무룩한 기억 한꺼번에 불러내기도 하지
그래 그 땐 그랬었지
공기가 느껴지고 냄새가 따라오고
들리던 음률마저 꿰어져 올라오는 비밀
그리움은 분명 미래에서 오는 게 아냐
하늘 길 가며 만난 휴대폰 앨범 속
오래된 사진 한 장

찬바람 위로

어깨를 계곡 쪽으로 누르고
바깥쪽 다리에 힘을 주세요
체중을 한 쪽에 다 실으세요

내 몸인데도 내 말을 안 듣네요
어깨 신경 쓰면 다리가 안 되고
다리 신경 쓰면 어깨가 안 되니
몸 고집이 센 건지 맘 고집 더 센 건지

하얀 눈밭에 햇살도 좋은데
스키부츠 속에 쩔쩔 애쓰는 나를 보고
서리 뒤집어쓴 나무들 깔깔 대네요
고집과 화해하세요
봄이 멀지 않았어요

장승진 | 1991년 신인상 등단. 환경시집『인간 멸종』외. 제20회 푸른시학상 등. 삼악시, 디카시춘천 회장

心象詩人會

일몰증후군*

정용기

벌써 해가 지는군.

여기가 어디지? 누가 나를 여기로 끌어다 놓았지? 너무 멀리까지 왔어. 이제 집에 돌아가야 해 붙잡지 마. 지나온 길 되짚어가면 꽃무늬 치마 휘날리던 마당에 이를 수 있어. 어린 시절 무지개를 볼 수 있을 거야.

해가 지기 전에 집에 가야 해. 그러지 않으면 어둠이 나를 먹어치울 거야. 내가 이러고 있을 때가 아니야. 나를 여기까지 끌고 온 거 세월이라고 자꾸 우기지 마. 당신들 실수하는 거야. 내 심장을 갉아 먹으며 무릎을 주저앉히며 나에게 업혀서 살아왔잖아. 그림자처럼 따라붙어 내 등 뒤의 어둠을 들추는 당신들이 내 시간을 훔쳐 갔다는 거 알아. 꽃무늬 치마와 결혼반지와 가계부가 든 보따리를 훔쳐가다니 배은망덕하잖아.

---

* 치매 환자가 해질녘에 더욱 불안해하고 망상이 증가하면서 혼돈이 더해지는 현상을 이르는 의학용어로, '석양증후군(sundown syndrome)'이라고도 함.

퍼즐 조각을 숨겨 놓고 나를 훔쳐보는 당신들, 막막한 오후 세 시도 견뎌냈는데 이러지 마. 그런데 어디선가 본 듯한 낯이 익은 당신들은 누구지?

그건 그렇고 어둠이 몰려오는데, 버스는 왜 이렇게 안 오는 거야?

전국학력평가

2학년 7반 네 명 결시
다빈이와 채은이는 3번으로 찍고
윤경이는 4번, 하은이와 주영이는 무작위로 찍어 놓고
1교시부터 본령이 울리자마자 책상 위에 엎드렸다

뻐꾹 뻐꾹 뻐꾸기가 운다
오목눈이 둥지에 알을 낳아 놓고 주변을 맴돌면서 운다
뻐꾸기 소리가 달팽이관을 따라 빙빙 돌면서
몸을 칭칭 옭아매는데, 세상 어지럽고 졸려라

엄마아빠는 야구광
오목눈이 둥지에 탁란을 해 놓고
관중석에 앉아 화려한 부화를 기다린다네
우렁찬 함성이 귀를 가득 채우기를 기다린다네
뻐꾹 뻐꾹 보채면서 홈런을 기다린다네

<

엄마 아빠, 타석으로 자꾸 등 떠밀지 마,
나는 홈런을 날릴 자신이 없어
병살타를 치더라도 물어뜯지 마,
제발 커튼 열지 마, 햇빛이 두려워
깨우지 마, 세상이 무서워

정용기 | 2001년 등단. 시집 『하현달을 보다』, 『도화역과 도원역 사이』, 『어쨌거나 다음 생에는』, 『주점 타클라마칸』(2023년 아르코 문학나눔 도서).

친구

정이경

원난성에는 한 번도 가보지 않았지만
원난성에서 왔다는 차는 여러 번 마신 적 있다

어떤 행사가 끝나고
서로가 아쉬운 인사들을 나누는데
불쑥 무언가를 건네주던 손

하동에는 여러 번 가보았지만
하동 땅에서 나는 차를 미처 마셔보지 않았던,

시를 써 내려가듯,
구도자처럼,
찻잎을 고르고 덖는다는 걸 전혀 모를 때였다

섬진강에 잇대어진 그의 마음이 강팔라질 즈음이면
강으로 나가 독수리를 만나고 온다고도 했다

어쩌다 눈이 내리기라도 하면
눈 속에 묻혀 독수리가 없는 밤을 보내기도 한다고

안개가 아무도 모르게 왔다 가기를 반복하는 사이
그가 돌아왔다

올봄에도 어김없이
찻잎을 덖고
늦은 밤이면 시를 쓰기도 할 것이다

비로소
숙성되기 시작하는 황차의 밤은 검고 깊다

쭈게르*

버스를 타면
무려 13시간이나 걸린다는 그의 고향은
'어머니의 바다'** 부근이란다
오르츠***와 순록이 가져다 준 삶으로부터
벗어나
울란바토르에서 도시 여자를 만나 결혼도 했다고

초원에서 말을 탈 때
사막에서 낙타를 탈 때도
어설픈 나를 도와주며

'쭈게르, 쭈게르'
<

---

*몽골어로 '괜찮다'는 말
**홉스굴 호수
***게르의 원조가 되나 원추형 모양임

온화한 목소리
큰 키에 길고 흰 손가락을 가졌던
수혜(몽골식 이름은 길고 부르기 어렵다고)

서툰 우리말로 이제 겨우 22개월 된 아들을 행복한 아이로 키우고 싶다고 했다
때로는 어머니의 바다로 돌아가는 꿈을 꾼다고

헤어지던 마지막 날
엄마보다 나이가 더 많은 나더러 한번 안아 달라고 하였다

"쭈게르, 쭈게르"

두 팔과 목소리에 한껏 힘을 실었다

요즘 내 꿈 속에서 그 사막의 알갱이들이

먹먹함으로 채워지곤 하지만

정이경 | 1994년 등단. 진해 출생. 시집 『노래가 있는 제국』, 『비는 왜 음악이 되지 못하는 걸까』 외. 제1회 경남시인협회상, 제2회 이병주국제문학상 경남문인상, 제3회 경남 올해의 젊은작가상, 경남문협 우수작품집상 수상. 현재 경남문협, 경남시협 이사.

추야장

정훈

커튼 드리워진 어둠
기기의 파란 불빛에 잠긴 액자와 화분이
폴 세잔의 정물 같다

섬 어리목엔 눈이 쌓이고
햇볕 따라 남천나무 잎에 팔랑대던
작은 노랑나비는
이 밤 어디에 들었을까

날이 새면 또 그 애의 아이가
또 시험을 친다는데
비 내리고 추위가 닥친다는데

뒤척이는 베갯머리 긴 밤이네

이월

정훈

입춘방에 대보름 달빛이 어리더니
흩날리던 눈발이
스멀스멀 안개비로 젖어 드네

고지서 쌓인 닫힌 쪽방
모녀의 쓸쓸한 주검, 검은 활자들
팍팍했던 뉴스 공장의 지난겨울

붉은 홍매화 영상이며
향우회 정기총회 기별이 카톡 카톡 뜨는데

대보름 지난 지 다시 열닷새
우수에 풀리는 강물처럼
정월, 새날 새마음은 어디에 걸어두나

어깃장 같은 이월의 달력을

또, 떼어내야 할 텐데

정훈 | 1994년 등단. 시집 『식스시그마』. 기업인.

겨울비

조덕자

소문처럼 온도가 내려가더니 빗방울이 동글동글
눈을 뜨기 시작했다
흐린 눈주름을 하고 하늘이 가만히 나를 내려다본다
곧 눈물이 흐를텐데
바람 끝에 묻은 습기가 마당으로 모여들고 있다
나는 대문 밖으로 나와 사람들이 흘린 소식들을 줍는다
바람이 대문을 닫아버렸다
열리지 않는 대문 밖에서
청맹과니처럼 서 있다가 겨울비를 맞는다
시린게 손끝인지 눈물인지
가슴에 맺힌 물기들도 같이
눈을 뜨기 시작했다
문득 비오는 골목길 돌아보니 전봇대 옆
깨진 병조각 사이로 신발 한쪽이 덩그러니 앉아있다
너도 버려졌구나
그 순간 내 마음 속 가득 숨겨두었던 지난 여름

엄마 잃은 서러움이 밖으로 걸어나왔다

묻다

어디선가 비린내가 난다
길모퉁이 돌다가 마주친 붉은 철쭉꽃 울타리 아래
밥그릇이 놓여 있다
코끝을 간지럽히던 바람이 모여
밥그릇에 주저앉아 한눈을 팔자
길냥이 한 녀석 절뚝이며 걸어와
눈을 흘기며 허공에 발길질을 하고 있다
비릿한 냄새를 맡을 수 있다는 건 살아 있다는 것
아직은 살만하다는 것
그래 그렇게라도 먹고 살아야지
구내염도 견뎌낸 겨울이 지나고
따스한 봄날이 왔는데
옷이 좀 남루하면 어때!
길 위에서 터벅터벅 세상의 중심이
걸어가고 있다

조덕자 | 1997년 등단. 경남 하동 生. 시집 『가구의 꿈』, 『지중해 불루같은』, 『길 묘연』 외. 한국작가회의 회원. 울산작가 회원. 제1회 울산작가상 수상.

부고訃告

조영미

먼 하늘
둥실둥실 떠오르다
문득
내 뜨락에 내려앉은
편지 한 장

춘삼월
버들강아지 두 눈 비비며
침 발라 뜯어 본 백지 한 장
뭉글뭉글
피어오르던 삶의 무지개
사라지고

한 장 한 장 또 한 장
넘길 때마다
종이 위로 번지는

적막한 무언無言

살은 것이 죽은 것 같고
죽은 것이 부활하여
성호를 그으며 고告하지만
또다시
믿지 못할 부고

오늘도
꽃샘바람 저 너머
끝나지 않는다

결핍의 자유

코로나로 멍한 마음
추스리며 또다시
옷깃을 여민다

그리움 메말라
바스락 대던 낙엽 속
은밀한 언어 누워버린
길모퉁이
침묵마저
차곡차곡 쌓인다

두 손 잡고 휑한 거리
홀로 선 나목裸木
수많은 검은 입
또 하얀 입
갇히고 닫힌 채

흘러 흘러 넘친다

아
할 말 잃은 사랑
알 것 같은 죽음 방치한 채
희망을 부둥켜안고 통곡한다

속절없이 무너지는 일상
똑같은 시간
낯익은 거리
더 깊어진 사랑마저
지독한 결핍
그 위로 하얀 눈송이가
떨어진다

뜨거운 마음 눈꽃 되어

온 누리에 내린다
푹 푹 빠져든다
오늘도

지독한
결핍의 자유 속으로

조영미 | 1997년 등단. 시집 『눈 내리는 날이면 경춘선을 탄다』. 한국문인협회. 문학사료 발굴위원. 현 다산 여성문학회 회장. 2023년 5월 계묘년 뉴욕 카네기홀 시 낭송 공연

心象詩人會

하나

조주숙

도미노 판 안에 도미노 칩으로 요동치는
그대의 가슴뼈에 귀 기울이면
벌떡벌떡 뛰는 무한의 파동소리 들린다
가슴뼈 마루에서 가슴뼈 마루로
도미노 판 이랑에서 도미노 판 이랑으로
뜨겁게 한마당 휘달리는 열풍 안에
도미노 칩으로 요동치는 그대를 듣는다
무한 파동이는 입자의 단면을 잘라보면
아버지의 가슴뼈 안에 지피던 불꽃도
아들의 가슴뼈 안에 지필 불씨도
날밤을 세우며 한칩 한칩 쌓아올린
그대의 가슴뼈 안에 들어있다
도미노 판 안의 가슴뼈들이
호수를 건너 산정을 넘어 태양을 점화한다
겹겹 껴안은 가슴뼈들 사이로 드러나는 사방연속무늬 길
가로줄 세로줄로 엮어 짠 하늘빛 그물 사이로

하늘의 씨앗을 품은 가슴뼈가 번쩍인다
그대의 가슴뼈에 귀 기울이면
나의 가슴 가득 요동치는 사랑의 노래소리 들린다

태양의 집

폼폼폼 플라타나스 씨앗 하나
카드 단말기 위에 사뿐히 내려앉는다
띠-, 사용할 수 없는 카드입니다
카드를 다시 대어주십시오
플라타나스 씨앗들이 동글게 웃음을 터트리며
출입문으로 창문으로 천정문으로 허공을 휘저으며 날아든다
하루 한 번 태양의 집을 오가는 버스 안
차창 밖으로 달아났던 씨앗들이
버드나무 씨앗 . 포플러 씨앗 . 민들레 씨앗들
을 데리고 버스 안으로 들어온다
씨앗들이 나의 이마에 눈에 가슴에 내려앉는다
버스가 태양의 집에 다다르자
카드 단말기에 들이댔던 카드를 꺼내본다
카드가 들어있던 지갑 안에는
버드나무의 싹 . 포플러의 싹 . 민들레의 새싹들이 눈뜨고 있다
씨앗의 것은 씨앗의 것으로 돌아가라고 눈짓하는 듯하다

나도 하나의 씨앗이 되어
씨앗의 우주를 휘저으며 날아간다 폴폴폴

조주숙 | 1996년 등단. 시집 『무인카메라』, 『내 사랑의 오류』

황리단길

주한태

황남총 토담따라
금빛 비단길 하나
짙은 커피 향 내음
젊음으로 솟구치고

줄지어 흩어진
오래된 기와집
깨어진 토기들
천년나이 아랑곳없이

세월을 아는 양
지난 흔적 이제 와
새로운 멋이 되어
노닐고자 미소 지으니

서라벌의 옛이야기

에– 미레 에– 미레
곡옥들의 속삭임은
다아– 랑 다아– 랑

바람다고 가련다
천마타고 가련다
지구촌 끝까지
황리단길 가슴에 품고서

첨성대 별

밤마다 깊은 우물 속에
두레박을 내리고
어머니는 항아리가 가득 차도록
돌 위에 돌을 얹어놓고
바라는 것을 간절히 빌 때

하얗게 금을 긋는 별똥별이
첨성대에 내려앉았다
별이 떨어질 때마다
이루지 못한 꿈을 외쳤다

바람은 마른기침소리처럼
갈잎을 휘몰고 가고
맑고 푸른 눈을 가진 별들은
아이들처럼 모여들어
동해물처럼 소리쳤다

몰려오는 안개처럼
자욱한 귀뚜라미울음은
북극성까지 등불을 켜 들고
긴 밤을 지새우면서
오지 않는 봄을 기다렸다

밤마다 떨어지는 별들이
깊은 우물에 빠져도
층층이 돌을 쌓아 올린 어머니는
꿈을 놓지 않고
두레박을 길어 올렸다

어둠이 물러나고 새벽이 오도록
천년 고도를 지킨 첨성대는
그렇게 누이를 낳고 나를 낳고

지상의 별이 되었다

차고 단단한 운석이 되었다

주한태 | 2019년 등단. 경북 경주 출생. 시집 『뱅글뱅글 웃기만 해라』, 『연분홍 답장』, 『내 사랑 어디에』, 『눈망울 편지』, 『첨성대 별』, 『두개의 거울』. 경북대학교 대학원(이학박사). 경주여고교장, 화랑교육원장, 동리목월문학관장(사업회장) 역임.

心象詩人會

해변 학교

최애란

달빛 쌓여 반백이 되었지요

달빛 끝에 반백을 눕히면
괭이갈매기 떼 물고기 두엇 물고 와

바다도 달밤에 기대어 학교를 여는데요

학교가 파하면
아이들은 가벼워라
맨발의 파도도 두껍을 찾는다지요

달은 달마다 둥글어지며
달 거른 적 없는 저 달의 집까지
다듬고 있습니다만 더듬다 만 달빛

문 없는 빗속에서도 문을 열어

<

달빛 쌓여 또 반백이 되겠지요

천수국

그해, 천수국은 짐승의 접근을 막았다

꽃목걸이 걸은 짐승은
영혼이 이 꽃 저 꽃을 오간다고 믿었다

천국에 심은 꽃

우기가 오기 전 덖어야 했다
덖을 때마다 큰물이 졌다

슬픔 모자란

그해, 천수국은 꽃말만 우려냈다

최애란 | 2006년 등단. 시집 『종의 출구는 늘 열려 있다』. 시 해설집 『그림자는 빛과 함께 있을 때 가장 빛이 났다』. 인터넷 문학상, 이윤수 문학상, 월간 문학상 수상.

心象詩人會

오지리

하두자

오지리 하고 낮게 부르면
모지리 같은 마음이 풀석거리는

학암포나 도리포구 같은 자그마한 포구를

혼자여도 좋고 누구와도 좋을 갯길을 말없이 걷다가

한 포구에서
신발을 던지고 헐렁이는 바지에 맨발로
통통배를 타고 가볍게 가 볼 수 있는
오지리

삭아서 너덜거리는 폐염전 소금 창고에선

기억이 기억을 덮고 있어 추억이
아직도 하얗게 마르고 있는지

들여다 보다가 잠시 주저 앉아도 되겠지

갯바람이 불어와 나를 밀어내면
잔 소금 같은 염전 길 따라 걸으며
오벤 바흐 첼로 소리로 바람맞는 어깨를 감싸고
펄럭이는 악보가 날아가지 않게 가슴을 여미어야 하는

떠나는 것들에게서 슬픔의 간수를 빼는

저 홀로 무성한 오지리
함께 갈까?

다시 물어볼 수 없는
어때, 오지리?

영동에는 사과꽃이

사과밭에 사과꽃이 피고
나는 카페에 앉아 바삭한 사과파이를 먹는 사람

영동의 사과밭엔 아버지가 수정 약한
꽃들의 생리적 낙과를 걱정하고
사과꽃이 피는 언덕으론 비가

일기예보보다 조금 더 내리는 비가
잠깐 열어놓은 창문을 닫을 수도 열 수도 없이

사과꽃 아래서 비에 잠긴 아버지가
연분홍으로 얼룩진 꽃잎을 밟으며 기침을 한다

나는
사과꽃과 아버지 사이가 꽃과 아버지로 변했으면 해
아무렇지도 않게 모두의 빗방울을 매달고
있는 사과나무를 지우며

이제, 그만 과수원을 화원쯤으로 생각하세요
문자를 보내고 싶어지는 사람

그러나 아버지는 사과라면
한 오백 년의 먼 길도 마다하지 않고 갈 사람

영동에는
안녕? 안녕? 떨어질 비가 내리고
나는 카페에 앉아 실패한 안녕을 썼다 지우는 사람

해마다 영동에는
사과꽃처럼 피었다 지는 아버지가
솎아내도 생리적 낙과는 어쩔 수 없다면서
현재형으로 매달려 계시고

하두자 | 1998년 등단. 시집 『프릴 원피스와 생쥐』 외 다수.

젖은 하루

한선향

종일 해를 만날 수 없는
추적추적 궁기가 마를 날 없는
풀리지 않는 수학 문제처럼
오늘은 그랬다 지루한 하루

날마다 펜 끝으로 다듬어내던 언어도
부화되지 않은 알들이 어슬렁거리듯
자음과 모음의 경계가 모호하게 뒤틀어진

유리벽을 기어오르는 올챙이 행렬들
퇴적물처럼 쌓이는 지난날의 기억을
악필 문자로 빼곡히 채우고 있는
후줄그레한 하루다

40도로 달아오른 아스팔트처럼
후끈한 여자가 되고픈 강렬한 염원도

오늘은 왠지 젖은 하루를 위로 하고픈

고요가 깊은 여자가 되고 싶은

文香이 머문 옛 기찻길

꿈속 길 녹슨 두 가닥 철로변
능금꽃 환한 고향길 지나간다
혓바닥 아래 고인 침처럼
그리움이 절여지면
차박차박 치맛자락 적시는 금호강 달빛 아래
퐁네프 다리가 눈에 걸친다

갇힌 길도 아름다운 文香이 머무는 곳
시와 산문이 있는 옛 기찻길
내 포켓 속 지폐 몇 장도 기쁘게 따라나서는
커피향 짙은 농익은 풍경 마시고 싶어
옛 기찻길 따라 마음이 먼저 달려간다

한선향 | 2005년 등단. 시집 『비만한 도시』외 다수. 2002년도 시낭송가, 시낭송지도자. 2007 별빛축제 시낭송 대상. 2014년도 시섬 문학상 수상. 2023년 박건호 공로상 수상. 2023년도 국제펜 낭송문학상 수상. 대구문협, 국제펜 수성문협 이사. 일일문학 부회장, 시섬문협 고문.

엄마의 비밀 레시피

홍경나

기어이 엄마는 지칭개나물 보시기를 내 앞에 끌어다 놓았다
웅! 맛있네, 레시피가 뭐야?
지렁 붓고 왜간장 쪼맨창 보태고
참지름 깨소금은 낙낙하니 흔쳐 조물조물 문치는 기지
이야, 우리 김 여사 우리가 모르는
비밀 레시피가 또 있는 거 아냐?
비밀은 무신?
기냥 지렁하고 파 마늘 곱기 다지 넣고
미역 빠는 거맨치 빠락빠락 치대 문치는 기지
엄마의 나물반찬 레시피는 언제나 판박이다
참 야릇한 것은
같은 레시피에서 각각 다른 맛깔이 난다는 것이다
미나리 무침은 실한 봄햇살을 닮은 애초롬한 맛이
냉이 세발나물 다래순 원추리 뽕잎은
매옴하고 배릿하고 알근달근 들부드레한 맛이 나고
쑥과 잘게 다진 쇠고기를 섞어 완자를 빚어 끓여낸 애탕국도

쌉싸래한 쑥맛이 오롯이 남아 엇구수한 맛을 내는 것이다
이 봄동은?
초 한 빨 치고
이치지 안쿠로 시직시직 문치면 된다 아이가
맛나져라, 맛나져라, 하는 기지
레시피라는 기 머 따로 있나
봄동겉절이를 우걱우걱 볼이 메도록 씹으며
끼니마다 밥 먹어라 식구들을 불러 모으던
마디마디가 불퉁그러진 두름손으로
누룩곰팡이 뜸씨 같은 맛깔손으로
오래오래 갓 지은 쌀밥에 조물조물 문친 나물반찬을 해줄 것을 생각하며
여든넷 엄마가 예순셋 딸 밥 해먹이려고
쉬이 돌아가시지도 못할 것을 생각하며
나는 여직 빈 밥그릇을 내민다 엄마, 밥!

근황

무얼 살까 두리번두리번 둘러보았지요
5개들이 소박이용 오이 한 봉지와 햇무 부추 한 단
식탁을 마주하고 함께 먹을 당신이 없다는 생각 대신
명란젓 어리굴젓 곤쟁이젓
당신이 먼저 젓가락 갖다 대던 젓갈에 눈 맞추고
황도 백도 파인애플 밤도 통조림으로 눈 맞추고

망설이다가 망설이다가
카트에 담았던 식료품들을 진열대에 되가져다 두느라
매장을 세 바퀴나 돌았지요
작은 스팸 하나와 참깨라면 한 봉지도 카트에 담았어요
아 참, 피노누아 한 병도 들고 나왔어요
당신은 내가 혼자 술 마신다고 칠색 팔색 해댔지만요
어릴 적 막걸리 심부름 갔다가
주전자 주둥이에 입술을 대고 홀짝 빨아보았던 기억처럼은 말고
어디로 보나 나는 거리낌 없이 술을 마실 수 있는 나이잖아요

이제는 타박 놓을 당신도 없으니
아주 대놓고 마셔보려고요

당신이 분으로 뒤발한 새색시 같다던 조팝꽃은 벌써 피었다 지고
울타리 앉은뱅이 꽝꽝나무는 푸르고 푸르르졌어요
베란다 텃밭화분에 방울토마토와 고추모종도 심었어요
당신 없이도 나는 정말 잘 지낸다고
이렇게 혼자서 술을 마시고 있다고 큰소리깨나 쳐보려고요

그러면 당신은 백주대낮 귀신같이 눈치채고
어느새 붉어진 내 귓불가로 와
또, 또, 혼자 술 마시고 있나!
해거름까지 싫은 소릴 해대겠지요

마트에서 아직도 나는 마음이 바빠져요
당신께 갓 지은 밥에 금방 무친 나물 양지사태 진국으로 고아 해

먹일 궁리에…

홍경나 | 2007년 등단. 시집 『초승밥』. 한국문화예술위원회 아르코창작기금 수혜(2019). 천강문학상 수상(2022). 문학나눔 우수도서 선정(2023).

행복

황근식

배롱나무 가지에
조그마한 새들이 파닥파닥
노닐고 있다

내 인생 곁에도
재잘재잘
자그마한 행복이
함께 앉아 있다

눈 내린 아침
창밖을 즐기는
이 소소한 기쁨

지금
아내와 함께다

눈

눈이 내려 덮었는데

깨끗하다

무엇을 덮고 싶은지

아니면
지우고 싶은지

아니면
잊고 싶은지

황근식 | 1976년 등단. 경북 영양 출생. 시집 『수숫대의 꿈』, 『환상시첩』 외. 산문집 『아무도 노래하지 않았다』(공저). 아침나라 출판사 대표.

영혼을 기다리는 새가 있다

허 림

종복이 전화 받고
복자네 꽃차 다방에 가는 길
살둔 쪽 하늘에 새털구름이 일고 있었네
흰 깃의 새가 날개 죽지 한쪽을 두고 간 듯했네
저렇게 큰 깃은 처음 보네
자꾸 뒤쪽 하늘을 돌아보았네
새털 날리며 뒤를 따라오는 듯 했네

영혼을 가지러 오는 새가 있다는 글은 어디서 읽은 듯 했네

그런 얘기를 했더니 몸이 약해서 그렇다며
백연차 우려내어 천천히 마시고 새가 따라오지 못하게 훌쩍 고개를 넘어가자 했네

어떤 말은 왜 그리 슬픈지

그대는 생의 전부를 가지고 내게로 왔네

그대를 잡지 못하면 세상 전부를 놓지는 것이라 어떻게든 잡으려 했네

금낭화를 옮겨 심는데 그 여린 뿌리가 흙을 꽉 잡고 있었네

흙도 뿌리를 꼭 감싸 안았네

별게 다 보이네

사랑 다 주라는 말은 경전마다 가득했네

허 림 | 1992년 등단. 시집 『말주머니』,『누구도 모르는 저쪽』,『엄마 냄새』, 『거기, 내면』, 『골말 산지당골 대장간에서 제누리 먹다』 등. 산문집 『보내지 않았는 데 벌써 갔네』.

특집 | 영면 정회원 추모

한기팔_ 수평선 외 4편

이정모_ 백 년의 내간체 외 4편

수평선

한기팔

서귀포에서는
어디서나
수평선이 보인다
솔동산 오르막길을 가노라면
수평선이 따라와
내 어깨를 툭 친다.
돌아보니
섶섬과 문섬
범섬과 새섬 사이
지는 해의 온기로 남아 있는,
우성宇城과 소암素菴
광협光協과 성찬成贊
그들이 두고 간 수평선과
정축년丁丑年 류하榴夏 지귀地歸로 와서
보리누름 속에서 "고을나高乙那의 딸"과
술래잡기를 하던 미당未堂과

1974년 가을 세미나에서 돌아와
밤바다에 배를 대고
"밤구름"을 낚던 목월木月과
6.25 때 피난 오면서
황소 한 마리 몰고 와
알자리 동산에서 코뚜레를 풀던
중섭仲燮이 데리고 온 수평선.
서귀포에서는
어디를 가나
바다는 없고
돌담 너머로
아득히 수평선만 보인다.

별의 방목

영혼이 따뜻한 사람은
언제나 창가에
별을 두고 산다.

옛 유목민의 후예처럼
하늘의 거대한 풀밭에
별을 방목한다.

우리의 영혼은 외로우나
밤마다 별과 더불어
자신의 살아온 한 생을 이야기 한다.

산마루에 걸린 구름은
나의 목동이다.

연못가에 나와 앉으면

물가를 찾아온 양떼처럼
별들을 몰고 내려와
첨벙거리다 간다.

자리물회

자리물회가 먹고 싶다.
제주 사투리로
'아지망 자리물회 하나 줍서' 하면
눈물이 핑 도는,
가장 고향적이고도 제주적인 음식.
먹어본 사람만이 그 맛을 안다.
톡 쏘는 제피 맛에
구수한 된장을 풀어
가난한 시골 사람들이
여름날 팽나무 그늘에서
한담을 나누며 먹는 음식.
아니면
저녁 한때 가족들과 마당에
멍석을 깔고 앉아
먼 마을 불빛이나 바라보며
하루의 평화를 나누는

가장 소박한 음식.

인생의 참

뜻을 아는 자만이

그 맛을 안다.

한라산 쇠주에

자리물회 한 그릇이면

함부로 외로울 수도 없는

우리 못난이들이야

흥겨워지는 것을

섬, 우화寓話 3(두꺼비)

세상 살면서
울어야 할 일 너무 많다.

비가 오면
어머님 무덤 떠내려간다고
울고,
바람이 불면
아버님 무덤가에
산나리꽃 진다고
운다.

가랑잎 하나
물그림자에 얼씬거려도
울고,
물장오리* 물웅덩이에
별빛이 쏟아지는 밤이면

물달개비 꽃그늘에 몸을 감추고 앉아
하늘 한 번 쳐다보고
먼 산 바라보고,
괙괙 북북
북북 괙괙…

세상 살면서
지은 죄 많다고
울고,
빚 갚을 일 많다고
울어버린다.

---

*물장오리 : 제주 섬을 창조한 설문대할망이 빠져 죽었다는 설화가 전해지고 있는 한라산 늪지

미악산米岳山 안개꽃(4.3이후)

심심하면
바람과 논다.

구름을 불러
구름의 이야기를 듣는다.

누군가의 무덤가에
안개꽃 자욱이 피어
때때로 바람이 와서
깃털 같은 작은 흔들림 하나
세워놓고 가면

저녁 햇살이 켜 드는
초록별 아래
미악산 서쪽
까마귀 울음소리 벼랑을 깨니

<

오늘은

어찌하여

산짐승의 생피 냄새가

그리운 것이냐.

한기팔(1937-2023) | 1937년 제주 서귀포 보목 출생. 1975년『심상』1월호『원경』, 『꽃』,『노을』등이 박목월 시인 추천으로 신인상으로 등단. 시집『서귀포』,『불을 지피며』, 『마라도』,『풀잎소리 서러운 날』,『바람의 초상』,『말과 침묵 사이』,『별의 방목』,『순비기꽃』, 『섬,우화』등. 시선집『그 바다 숨비소리』펴냄. 서귀포시민상, 제주문학상, 문학아카데미 시인들이 뽑는 시인상 수상.

백 년의 내간체

이정모

정자를 지을 때 흙 한 삽도 퍼내지 않았다는 곳 이런 말에는 고래가 있어 온돌의 구들장처럼 오래 드나든 불길이 보인다 사람에 초석을 둔 역사는 고작 문자로 남아 있겠지만 자연이 비워놓은 자리는 시간이 지나도 쓸모가 들어 있는 게라고, 낙향한 몸은 정치보다 정자에 마음을 두기로 했겠지 그보다 고향은 늙은 에미다 안기고 싶었겠지 아마 정자는 여기서부터 시작했을 것이다 한양에서 금했던 것들을 모두 풀어 놓고 초입부터 청죽 댓바람 소리로 묵객의 발소리에 운을 띄웠으나 계곡 물소리 외 무엇 하나 제대로 율을 맞추지도 못하는데 시절도 모르는 매화야 너는 무엇으로 그리 당당하여 속 깊은 향기를 공중의 붓에 묻혀 백 년의 사연을 내간체로 쓰고 있느냐 내 몸이 뒷목까지 서늘한 걸 보니 대숲에 부는 바람의 비질에 내 가슴이 관통되었나 보다 정자는 붓을 놓는데 하, 글썽임의 보폭으로 착지하는 댓잎 하나 저것은 바람으로 머리의 붕대를 풀고 나는 새다 갈 데라곤 바닥뿐인 저 잎을 태연히 받아 주는 공중의 자세를 보니 저것은 바람의 일이 아니다 나는 것들은 모두 떨어뜨리는 시간의 일이다 그러므로 날개는 세월에 걸쳐 있는 백 년 전의 그

나비다 그러고 보니 대숲의 우듬지가 공중의 치마폭에서 꼬리 치고 내 눈은 옛날의 사관에서 한 치도 빠져나오지 못하는 것 하며 공중에 길을 내는 바람과 어쩌다 들른 내 눈이 하늘 아래 같은 영역에 있지만 범접할 수 없는, 이것은 고사를 영접하는 일 더욱이 어떤 형태도 보여 주지 않고 끊임없이 저항하는 이미지들의 행렬, 저 굴뚝의 연기는 오래된 선비 정신이다 여기 그 정신이 그리던 묵화는 오늘 볼 수 없고 대숲을 몰고 다니는 바람의 손은 내가 볼 수 없지만, 마음대로 하십시오 툭, 한마디 던지는 대숲이 머리 풀고 평범한 민초에게도 사죄하는 집 그러나 그 옛날의 개혁이 어치처럼 울고 있는 집, 이곳에 두고도 몰랐던 내 마음이 발견한 소쇄원은 울화가 치밀어도 매화 향 한잔으로 세월을 마시고 내간체로 쓴 연통을 읽고 있었던 것일지도 모른다 시간에 목매는 풍경과 사람들의 애처로움이여! 또 오늘 밤 음풍농월은 어느 주막에서 술 한잔으로 잠을 청하려는지,

숲의 비밀

숲속에 나무 의자 하나 버려져 있다
새 한 마리 날아와 지저귀니
부러진 다리가 쑥쑥 자라고 잎이 나고 꽃도 피운다

알겠다, 의자가 사라지고 숲의 일가로 남은 후
얼마나 자주 햇살의 마음이 다녀갔는지, 또
숲이라는 의사가 어떻게 의자의 급소를 찾았는지를,

마침내, 생경이라고는 한 잎도 없는,
꽃 떨어진 곳에서 다시 시작하는 푸른 목숨들과
서먹함을 싫어하는 햇볕이 생명과 타협을 한 것까지

말하자면, 아침의 긴 햇살을 끌어오는 숲의 근육이
버려져 있던 의자에 해의 비늘을 심기 위해
햇살 한 가지를 꺾어 생명에 접붙인 것이다

숲은 부활한 생명을 필사하는 유전자의 집,
햇볕의 세례를 주는 선지자의 집

그러므로 햇살은 태초의 말씀
숲에 닿는 것만으로 생명이 수정되는 곳

생명의 머리에 붓는 저 빛을 따라가면
나무 의자 숨통 열었던 곳이 있을 것이다

나는 너에게 갈래

숲이 다가와 태고의 말을 틀자
숲의 이름으로 의자가 내게로 왔다

여백에 대하여

중심 없는 것들은 늘 지분을 고집한다
의지가 없기에 타인의 인정이 필요한 것이겠지

잘 들키게 하는 법이 따로 없다
마음에 여백이 없다면, 지금의 내가 꼭 그 짝이다

때로는 사람이 그립던 세상의 길목에 서서
수의처럼 낯선 관계를 꺼내어 보면

여백이란 물들지 못하는 사람이
제가 제 벽에다 대고 말을 고백하는 곳이라는 생각
몸이 감히 손댈 수 없는 곳이다
내 장기의 엑스레이 사진과 다르지 않다

제 모습을 가지지 못하지만
지금 막 구워져 나온 빵처럼 고맙다

<

보리굴비의 맛을 몰랐다 해도
억울할 것 하나도 없다는 말이다

인생에도 맛이 있다는 걸 고집해도
이런 여백에는, 물리지 않을 듯하다

폐사지

수많은 단서들을 두고 시간은 떠났다

여기에 주춧돌만 남기고
여기에 그 많은 귀만 남기고
이곳에 햇볕만 남기고
이곳에 아련함만 남기고

내 가슴이 모두 가지라고

나는 곧 떠나는데

가고 없는 시간을 돌려세울 수도 없는데

생도 멸도 없는 것은
표정도 구별 못 하는 것일까
<

이것은 있다가 없어진 시간의
부재를 내 가슴에 들이는 일인데

나는 어쩌자고 힘없이 버려진 것들에게
슬픔이라는 말을 건네고 있다

발 딛는 곳마다 먹먹한 역사의 파티

하, 절명한 세계의
영원히 은폐된 아름다움을 실패다

끝은 한갓 남루일 뿐인데

왜 이 공간은 내 눈에 상처로 머물려 하는가
시간은 언제 어디서나 또 같은 짓을 할 건데

채석강에서

그리움의 흔적을 책으로 쌓았다
술렁거림은 모자이크로 굳고
바람에 뿌리 내려 쌓아온 저 잠잠
줄서서 어깨 기댄 시간의 문향이다

가슴처럼 하늘은 숨을 고르고
저물지 못하는 파도는 걸음을 막으며
노을을 안주로 취하기 시작하는데
주빈이 되어 본 적이 없는 사랑은
눈(目) 바깥을 수시로 들락거린다

은혜란 소금에 절여서 내는 것이다
묵인을 하얀 결정으로 드러내고
지친 삶이 기록할 수 없는 역사는
파도에 금강석으로 박아두는데

기껏 나의 침묵이란
물 주름 속 은어 떼가
가볍게 튀어 오르라며
던지는 먼 훗날의 봄볕을
보는 것이다

이정모(1949-2023) | 2007년 심상 신인상을 받으며 등단했다. 2010년 첫 시집 『제 몸이 통로다』를 시작으로 『기억의 귀』, 『허공의 신발』, 『백 년의 내간체』 등 네 권의 시집을 펴냈다. 최근에 나온 시집 『백 년의 내간체』는 간암이 폐로 전이된 상태에서 항암치료를 받으며 쓴 시가 담겼다. 고인은 부산작가회의, 부산시인협회, 시울림 시낭송회, 윤동주선양회 회원으로 활동했다.

2024년 심상시인회 엔솔로지 33집

영혼을 기다리는 새가 있다

펴낸날 2024년 5월 1일
지은이 심상시인회
펴낸이 김용옥

펴낸곳 ㈜시로여는세상
등록일 2022년 1월 20일
등록번호 제2022-000021호
주소 03004 서울시 종로구 평창30길 44
편집실 03157 서울시 종로구 종로 19 르메이에르 종로타운 B동 1616호
전화 070-8777-7185
이메일 poeticact2022@daum.net
홈페이지 http://poeticact.com
SNS @ofpoeticact (https://www.instagram.com/ofpoeticact/)

제작 清依
공급 런닝북 (031)943-1655/6

ISBN 978-89-93541-78-6 03810